위구르

정주
(북정)
이주
고창
과주
사주
쓰시우
양주(하서)
영주(삭방)
둔성
간저우
토욕혼
셔주(농우)
경주
봉상
장안
홍원
송주
토번
(티베트)
청두(검남)
장
라사
계주
파주
여강부
대화성
농동부
파탈리푸트라
은생부
남 조
팔라조
카마루파
레머전
교주
마요
하리푼자야
탐랄리프티
산도웨이
진주
표
랑푼
환주
트완테
드와라바티
앙코르톰

상경용천부
동경용원부
발해
거란
영주
(평로)
유주
(범양)
동 해
신 라
타이위안
동)
등주
당항성
일 본
(나라시
칭저우
황   해
금성
송주
헤이죠코
변주
다자이후
당(唐)
사주
양저우
(618~907)
양
항저우
주
요주
홍주
푸저우
형주
취안저우
광저우
(영남)
유구
20°
중국해

한시를 알면 중국이 보인다 1

오 PD의 한시여행
한시를 알면 중국이 보인다 1

2002년 9월 10일 1판 1쇄 발행 / 2002년 11월 10일 1판 2쇄 발행

지은이 오성수
펴낸이 임은주
펴낸곳 도서출판 청동거울 / 출판등록 1998년 5월 14일 제13-532호
주소 (137-070) 서울 서초구 서초동 1360-28 익산빌딩 203호 / 전화 02)584-9886~7
팩스 02)584-9882 / 전자우편 cheong21@freechal.com

편집장 조태림 / 편집 조은정 / 북디자인 우성남 이미선 / 영업관리 정재훈

값 9,000원

잘못된 책은 바꾸어 드립니다.
엮은이와의 협의에 의해 인지를 붙이지 않습니다.
무단 전재 및 무단 복제를 금합니다.
ⓒ 2002 오성수

Copyright ⓒ 2002 Oh, Sung Soo
All right reserved.
First published in Korea in 2002
by CHEONGDONGKEOWOOL Publishing Co.
Printed in Korea.

ISBN 89-88286-78-2
ISBN 89-88286-77-4(세트)

한시를 알면 중국이 보인다 1

오 PD의 한시여행

오성수 지음

청동거울

추천의 글

김창완(가수, 방송인)

   시를 만나는 일은 사람을 만나는 일이다. 나에게 오 PD를 만난 일은 투박한 생활 속의 시 한 편 만난 일이다.

   유행 지난 안경을 언제나 깨끗하게 닦던 오 PD는 그렇게 맑은 눈으로 세상을 보려 했던 것일까? 유난히 목덜미가 빨개지던 취기어린 선술집의 오 PD는 그렇게 세상을 저어저어 건너려던 것일까? 언젠가 그의 사랑 얘길 들은 적이 있다. 그의 시선은 나를 지나서 그 다방 문을 지나서, 그리고 사람들 부대끼는 거리를 지나서 어디론가 그 언젠가로 가로지르고 있었다. 회한이었을까? 그의 추억어린 눈가에 가늘게 바람이 일었다. 그것은 온몸으로 부르는 노래였고, 그의 인생의 시였다.

오 PD는 금목걸이, 금팔찌를 잘 차고 다닌다. 오 PD는 가끔 코찌르는 향수도 뿌린다. 그렇게 안 어울릴 수가 없다. 그가 그런 반란을 이제 접는가 보다. 이제 그의 한시여행길에 나도 데려가려나? 오랜만에 술추렴하게 생겼네.

對酒不覺暝(대주불각명) 술잔 기울이느라 해 저무는 줄 몰랐더니
洛花盈我衣(낙화영아의) 그 사이 옷자락에 수북수북 꽃잎이 쌓였구나

—李白의「自遣」중에서

그렇다. 그렇게 인생은 술잔에 담긴다. 그렇게 오 PD와 술을 마신다. 시를 마신다. 이 어찌 즐거운 일이 아니랴!

이소라(가수·방송인)

　자연을 벗삼아 하루하루 술잔을 기울이며 살아가실 법한 풍류객이 그 네모지고 갑갑한 여의도 작은 건물 안에서 시간 맞춰 출퇴근하는 삶을 아직도 고수하고 계시다니 대단하십니다. 그래도 가끔 이렇게 글로나마 나 이 정도 운치는 있소이다, 내보이실 때면 많이 어린 제 입장에서도 그 종잡을 수 없음이 참 귀여우십니다. 죄송합니다.

　이래저래 할 일이 꽤 많은 방송국 생활임에도 전에 한번은 두 권짜리 소설을 척, 이번엔 한시여행이라니 정말 ~답다라는 생각을 하게 만드시는군요. 한참 한문 사용하지 말자고 나라에서 난리치던 때 중고등학교 시절을 보낸 저로서는 하루 신문 읽기에도 벅찰 정도의 수준이지만 시는 마음으로 읽는 법이니, 생각지도 못한 선생님의 여유 있는 선물 기쁘게 받겠습니다.

　전에 김용옥 선생님 덕분에 한시의 아름다움에 한참 감탄하던 때가 있었는데 또 한동안은 이 책으로 제 삶이 평화로운 느슨함이겠군요. 가끔은 대낮에도 화열에 들뜬 웃음으로 들어오셔서 스튜디오

안에 달이 떴네 저 놀리신 거 생각하면 언젠가는 나올 책이었습니다.

혼자 드시지 말고 좋은 술 있으면 부르세요. 애쓰셨습니다, 선생님.

유희열(뮤지션 방송인)

문득 일을 하다가, 누군가와의 재미 없는 술자리에서든 그의 이름을 듣게 될라치면 참 이상하게 배시시 웃음부터 나오게 된다. 그의 이름 속엔 나의 첫 프로듀서, 무뚝뚝함, 손톱 손질하는 중년의 아저씨, 술 좋아함, 여자? 물론, 수줍음, 배려…… 아버지. 내 머릿속에 이런 이상한 조합들로 그를 저장해 놓은 듯하다. 저 위에 영어로 된 낯익은 글자는 그의 아이디란다. 메일을 보내고 있는 이 순간도 본인이 작명한 게 확실해 보이는 swallow-oh에 자꾸만 낄낄거리게 된다.

요번엔 한시에 관한 책을 내신단다. 저번에 내셨던 대하 로맨스

릴러환타지(여기서 환타지란 소설 속 자신을 너무 미화하는 데에서 온 이질감)에 이은 전혀 예측할 수 없었던 작품. 항상 책을 뒤적이시고 뭔가를 노트북에 적으시더니 또, 사고를 치신 게다. 하긴, 방송할 때나 술자리에서 쪽지에 한자를 적어 주시면서 뜻풀이를 해주실 때 우리는 많이 놀라곤 했었지. 한자라면 정말 당황스러운 나 같은 사람에게 경이로워 보였던 그의 모습을 이젠 책에서 만난다 생각하니 조금 많이 부럽다. 그래도 딱딱한 학문 서적이 아닌 게 얼마나 다행인지 모르겠다. 혹 그랬다면 난 그를 얼마나 멀게만 느꼈을까? 술, 풍류, 만남, 헤어짐, 사랑…… 소제목만 봐도 그가 보인다.

언젠가 스튜디오에서 그와 함께 있는 모습을 그려 본다. "아! 무슨 책을 자꾸 내시고 그러세요. 작가는 아무나 하나요. 같은 작가끼리 얘기하는 건데요, 아직 무리예요." 그의 대답은 안 봐도 훤하다.

"허허 미친 놈, 허허허."

여전히 자유롭고 웃음 많고 여유 있고. 그래서 또 아주 많이 부럽다.

이번엔 한시여행이다.

머리말

오 PD와 함께 떠나는 漢詩旅行

내가 한시(漢詩)를 처음 접한 것은 고등학교 2학년 때였다. 초등학교 때야 주야장창 친구들과 놀러 다니느라 배웠는지조차 기억에 없고, 중학교 때도 정식으로 배운 기억은 없다. 하지만 아침마다 신문(新聞)을 읽으시는 아버지 어깨 너머로 조금 낯설은 글자들을 귀동냥, 눈대중으로 깨쳐서 같은 또래의 친구들보다는 잘은 읽었던 것 같다. 간혹 국어나 작문 시간에 한자 쓰기 시험이 있어서 억지로 공부한 적은 있지만 조변석개식(朝變夕改式)으로 자주 바뀌는 문교 교육정책 때문에 간에 붙어야 할지 쓸개에 붙어야 할지 몰라서 늘 전전긍긍(戰戰兢兢)이었다.

그러다가 고등학교에 들어가서 국어 시간을 접하고 보니 참으로 난감(難堪)하였다. 국어 선생님이 신문사설(新聞社說)을 발표하라고 시키는데 극히 일부분의 학생들을 제외하고는 너도나도 청맹과니, 그야말로 장님 신세였다. 가뜩이나 어려운 사설(社說)을, 그것도 한자가 그득 들어찬 신문사설을 읽으려니 참으로 난감하였다.

문교 정책을 탓하고 뭐고 할 것도 없었다. 시험은 둘째치고라도 우선은 친구들 앞에서 창피당하는 것도 뭣했고, 회초리나 꾸중보다는 점잖게 혼을 내시는—언중유골(言中有骨)이라고 그게 더 죽을 맛이었다—선생님 뵙기가 영 죽을 맛이었다. 해서 저녁마다 아버님께 싫은 소리 들어 가며 한 자 한 자 터득(攄得)해나갔다. 해서 1학년 국어 과목을 책걸이할 무렵에는 제법 읽기, 쓰기가 되어 신바람이 나기도 했다.

하지만 갈수록 태산이라더니 2학년으로 올라가고 보니 상황은 더욱 꼬였다. 문교 정책이 또 바뀌어 선배들은 배우지도 않던 한문(漢文)이 정규 수업과목으로 떡 하니 자리를 잡고, 우리들을 향해서 음흉한 미소를 흘리는 것이었다. 국어 시간도 마찬가지였다. 대학입시에 나올 이상야릇한 한자를 배우느라 다들 정신이 없었다. 차라리 독일어, 프랑스어 같은 제2외국어 배우기가 훨씬 수월했다. 영어야 배운 지가 다들 몇 년이 넘어서 그 덕분에 다른 외국어들은 그럭저럭 습득(習得)이 되었지만 한자, 나아가 한문은 그때껏 생소(生疎)한 먼 나라의 언어였던 것이다.

국어 시간은 그래도 한글이 주(主)요, 한자가 보(補)라 지나갈 만 했지만 한문 시간은 그야말로 공포(恐怖)의 시간이었다. 나같이 어느 정도 터득(攄得)한(?) 친구는 그래도 형편이 나았지만 국어에 별 관심이 없고, 더구나 한문이라면 고개를 젓던 친구들은 한문 시간이 거의 죽음의 도가니였다. 거기다 설상가상(雪上加霜)으로 한문 선생님은 학교에서도 알아주는 호랑이 선생님이었다. 당연히 수업 시간마다 무지막지한 매타작이 벌어졌다. 좋게 얘기하면 학생들 잘 가르쳐 주시려는 선생님의 욕심 덕분에, 나쁘게 말하면 애들은 무섭게 해야 공부를 한다는 지론을 가지고 있는 선생님 때문에 그 시간은 극과 극을 달렸다. 숙제도 제대로 해오고 칠판에 나가서 그 어려운 글자를 잘 그리는 친구들이야 수업 시간이 그다지 고생스럽지는 않았겠지만, 사정이 그렇지 못한 친구들은 하루 이틀 전부터 사색(死色)이 다 되어 있었다. 나도 어쩌다 한 번 숙제를 못 해 가는 바람에 박달나무로 만든 몽둥이로 손바닥을 열 대나 맞았는데 두 대 맞고 잠시 쉬고, 세 대 맞고 잠시 쉬고……. 맞는 당시에는 손바닥이 다 찢어지는 것 같더니 하루 종일 손바닥이 얼얼했다. 한 친구가 기록을 세웠는데 가중처벌법에 의해서 엉덩이를 무려 백 대나 맞은 적이 있었다. 물론 그 친구는 한동안 이상한 자세로 등교를 했다.

어쨌거나 그렇게 악몽 같던 2학년이 지나고 3학년이 지나 입시 때 적어도 국어 시험은, 국어 시험에 나오는 한문은 잘들 봤다. 덕분에 대학 1학년 교양국어도 남들보다 수월하게 마칠 수 있었다. 대학 내내 동양고전을 읽을 때면 그 선생님이 한없이 고맙기까지 했다. 사회에 나와서도 마찬가지였다. 한문을 제대로 못 배운 선후배들은 경조사 때면 어려움을 겪었지만 고2 때의 지옥훈련 덕분에 늘 면피는 하고 살았다.

그러다 직장에 다니고 한동안은 직업에 충실하느라 교양서적에, 내가 좋아하는 동양고전(東洋古典)에 소홀했었는데 사십이 넘고, 직장일도 이력이 생기고, 마음에 양식을 쌓으려고 한시(漢詩) 책도 뒤적이고, 중국고전도 손을 대려고 하니까 비로소 한문에 대한 기본적인 소양이 턱없이 부족하다는 사실을 피부로 절감하게 되었다. 그렇다고 이제 와서 새삼스럽게 누구를 원망할 수도 없는 노릇이었다. 목마른 놈이 우물을 팔 수밖에 없었다. 해서 틈나는 대로 독학을 했다. 제법 큼지막한 옥편도 사다 놓고, 미련하고 우직하게 이 책 저 책을 들여다봤다. 안개 속을 헤매는 것처럼 앞이 안 보이더니 차츰 시야가 트였다.

그 와중에 도올 김용옥의 EBS『노자(老子)』강의, KBS『공자(孔子)와 논어(論語)』강의를 접하게 되었다. 자주 접하지는 못했지만 독학을 해야 하는 내게는 많은 도움이 되었다. 잘은 모르지만 학문은 상아탑 안에서만 하는 것이 아니다. 다른 학자들이 학교 안에서만, 국내에서만 고전을 연구했을 때 도올은 일본, 타이베이, 북경, 하버드 대학(大學)까지 가서 공부하다 오지 않았는가. 도올의 『노자(老子)』를 보면 영국의 철학자 Bertrand Russell의 탁월한 해석이 종종 나온다. 동양철학이라고 주희(朱熹), 송시열(宋時烈), 다산(茶山)만 잘 아는 것이 아니다. 더구나 동양의 고서(古書)나 전적(典籍)은 영국이나 프랑스 등지에서 많이 약탈해 가는 바람에 그 자료를 토대로 연구한 학자들이 더 많이 알 수도 있다. 과문(寡聞)한 내가 더 얘기할 건덕지도 없지만 한 가지만 더 덧붙이자면 학교에서 열심히 공부하고 강의하는 학자들도 있어야 하고, 매스컴에 나와서 대중들한테 강의하는 학자들도 있어야 한다. 학문적 성과나 잘잘못은 차치하고라도 도올 덕분에 우리 고전, 동양학에 대한 대중적인 관심이 부쩍 는 사실은 부인할 수 없는 현실이다.

각설하고 인문학을 하려면, 적어도 대한민국에서 인문학을 하려면 기본적으로, 필수적으로 한문은 알아야 한다. 요즘 잘못된 교육제도에서 벗어나 초등학교 때부터 한자를 배우는 것은 늦은 감은 있지만 잘된 일이다. 나 같은 사람에 비하면 요즘 학생들은 얼마나 행복한가. 아무쪼록 열심히 한문을 배우기 바란다.

뒤늦게 공부를 하면서, 한시를 배우면서 절실히 느끼는 것 한 가지가 바로 중국 역사에 너무 무지하다는 사실이다. 우리는 그 동안 너무 서양사에만 매달려 왔다. 중국사도 배우고, 일본사도 배워야 한다. 그래서 중국 역사를 다룬 책을 꽤 읽었는데 요즘은 정말 좋은 책들이 많이 나온다. 알기 쉽게 번역하고 써서 아무나 봐도 이해가 쉽게 된다. 정말 고마운 일이다.

아무쪼록 이 책이 한문, 한시를 배우고자 하는 많은 분들한테 많은 도움이 되었으면 한다. 괜히 쓸데없는 책 하나 더 나왔다는 질책을 받을까 걱정이 앞선다. 하기는 초보들은 초보를 갓 지난 사람이 가르쳐야 이해가 더 쉽다고 하지 않는가.

마지막으로 몇 마디 더. 우선 한시에 많이 나오는 주제를 크게 일곱 가지로 나누었다. 만남과 이별, 술과 풍류, 인간의 영원한 숙제 사랑, 무심하게 흘러가는 세월, 세속을 벗어난 초탈함, 늘 보아도 또 보고 싶고 멀어지면 더욱 보고 싶은 멋진 풍광, 잠시 생각만 해도 가슴이 아려 오는 고향……. 이렇게 나눠서 작은 제목을 하나씩 달아 보았다.

· 1부—만남 뒤에는 언제나 헤어짐이……
· 2부—술과 풍류

· 3부―사랑, 언제나 그리운……

· 4부―가는 세월, 잡을 수만 있다면

· 5부―초탈과 유유자적

· 6부―진경산수시, 꿈엔들 잊힐리야……

· 7부―고향이 그리워도……

이렇게 크게 나눈 다음에 거기에 부합되면서도 비교적 쉬운 한시들로만 192편을 뽑았다. 감히 시성(詩聖) 이백(李白)을 능가할 수는 없어서―적어도 발음상으로라도―그렇게 했고, 몇 편을 빼고는 5언(言) 절구(絶句)와 7언(言) 절구(絶句)로만 뽑았다. 아무래도 초심자들이 보기에는 절구(絶句)가 이해하기 쉽기 때문이다. 당연하게도 그런 형식적인 제약을 가하다 보니 좋은 한시들이 꽤 빠졌다. 다음을 기약한다. 훌륭하신 분들의 번역을 많이 참조하기도 했지만 그래도 엉터리 번역이 꽤 많은 듯하다. 이 자리를 빌어 선현(先賢)들의 노작(勞作)에 힘입은 바 큼을 말씀드리며, 그분들께 이 지면을 빌어 감사드린다. 아울러 독자 여러분의 많은 질정(叱正)을 바란다.

중국 역사 개관

독자 여러분의 이해를 돕기 위해서 간략하게 중국 역사를 서술하기로 한다. 당연히 이설(異說)이 많아 단지 참고용일 뿐임을 밝힌다.

옛날부터 중국의 역사는 삼황(三皇)·오제(五帝)로부터 시작되었다는 것이 통례로 되어 있다. 삼황은 복희씨(伏羲氏)·여와씨(女媧氏)·신농씨(神農氏), 혹은 천황씨(天皇氏)·지황씨(地皇氏)·인황씨(人皇氏)로 기록되어 있으며, 여와씨 대신 축융씨(祝融氏) 또는 수인씨(燧人氏)로 기록한 문헌도 있다.

오제란 황제(黃帝)·전욱(顓頊)·제곡(帝嚳)·제요(帝堯)·제순(帝舜)을 말한다. 우리가 흔히 태평성대로 일컫는 요순시대가 바로 제요와 제순이 다스리던 시대를 말한다. 순임금은 우(禹)에게 천자의 자리를 물려 주었으며, 우의 아들 계(啓)에 이르러 세습 왕조 체제로 바뀌어 하왕조(夏王朝)가 이어진다. 17대 걸왕(桀王)에 이르러

말희(妺喜)라는 절세 미녀에게 빠져 폭정을 폈기 때문에 은(殷)의 탕왕(湯王)에게 멸망당하였다.

  은의 탕왕은 덕이 높은 인물이었다. 그는 명재상 이윤(伊尹)의 협력으로 은왕조를 세우고 왕도 정치를 폈다. 19대 임금 반경(盤庚) 때에 이르러 도읍을 은허로 옮기고 쇠퇴해 가는 은왕조를 중흥시켰다. 탕왕이 세운 왕조의 이름은 상(商)이었으나 은허로 옮긴 이후는 은이라고도 부른다. 30대 임금 주왕(紂王)이 절세 미녀 달기(妲己)에게 빠져 폭정을 일삼자 주(周)의 무왕(武王)이 목야(牧野)의 싸움에서 은을 멸망시키고 주왕조를 세웠다.

  주왕조의 12대 임금 유왕(幽王)은 포사(褒姒)라는 미녀에 빠져 실정을 거듭하다가 견융족(犬戎族)에게 살해되고, 13대 임금 평왕(平王)은 오랑캐 군대가 언제 쳐들어올지 몰라 수도를 낙양(洛陽)으로 옮김으로써 동주시대가 열리게 된다. 평왕이 낙양으로 옮기기 이전의 시대를 서주(西周)시대라 하고, 도읍을 옮긴 때부터 37대 난왕(赧王)이 진(秦)나라에 나라를 빼앗길 때까지의 514년간을 동주(東周)시대라 하며, 이 동주시대를 다시 춘추(春秋)시대와 전국(戰國)시대로 나눈다. 춘추시대는 평왕이 도읍을 옮기던 B.C.770년부터 진(晋)나라 대부였던 위(魏)의 환자(桓子)·조(趙)의 양자(襄子)·한(韓)의 강자(康子)가 그들의 라이벌인 지백(智伯)을 없애고 그

땅을 3분한 후 제후로 봉함을 받은 B.C.403년까지의 368년을 말하고, 전국시대란 춘추시대 이후 진(秦)나라가 천하를 통일한 B.C.221년까지를 말한다. 춘추시대란 명칭은 공자(孔子)가 노(魯)나라의 역사 기록을 기본으로 해서 편찬했다는 연대기(年代記)인 『춘추(春秋)』에서 유래한 것이고, 전국시대란 명칭은 전한(前漢) 말기 유향(劉向)이 편찬한 『전국책(戰國策)』에서 유래한다.

중국 역사상 최초로 통일국가를 이룩한 진(秦)의 시황제(始皇帝)는 봉건제를 폐지하고 군현제를 실시하여 강력한 중앙 집권 체제를 확립하였다. 하지만 그토록 강력하던 진나라도 시황제가 죽은 다음 해인 B.C. 209년 그 동안의 과중한 조세 부담과 가혹한 법과 형벌로 쌓이고 쌓였던 온갖 불만과 갈등이 한꺼번에 터져 전국 각지에서의 반란으로 이어졌다. 유방과 항우도 이때에 봉기하여 여러 제후들과 힘을 합쳐 진나라 타도에 선도적 역할을 하였다. 진나라를 멸망시킨 후에는 유방과 항우가 천하를 다투게 된다. 이 유방과 항우의 싸움은 소설 『초한지(楚漢誌)』의 무대이기도 하다.

역발산(力拔山) 기개세(氣蓋世)의 장사 항우(項羽)를 물리치고 전한(前漢)을 세운 한고조(漢高祖) 유방(劉邦)은 봉건제의 장점과 군현제의 장점을 살린 이른바 군국제를 실시하였다. 경제(景帝)의 뒤를 이은 7대 무제(武帝)는 창업 이래 쌓아올린 문화적·경제적

여력을 바탕으로 과감한 정책을 펴 전한의 황금 시대를 이룩하였다. 14대 평제(平帝) 때에 이르러 외척 왕망(王莽)이 전한을 찬탈하고 신(新)이라는 나라를 세웠으나 제도 개혁의 실패로 혼란이 가중되어 15년 만에 망하고 광무제(光武帝) 유수(劉秀)가 후한(後漢)을 세우게 된다.

광무제는 천하가 일단 평정되자 내치에 힘을 기울여 백성들에게 휴식을 제공하고 세금을 감면하는 정책을 추진함으로써 경제가 안정되고 사회가 안정되어 갔다. 하지만 후기에 들어서면서 외척과 환관들의 발호(跋扈)로 정치는 문란하고 사회는 점점 먹구름이 드리우기 시작하였다. 급기야 각지에서 반란이 일어났는데 그 가운데 머리에 누런 수건을 두른 황건적이 세력이 제일 컸다. 결국 황건적 등의 반란은 후한왕조 붕괴의 결정적 요인이 되어 마침내 삼국의 정립 시대가 열리게 되었다.

촉한(蜀漢)·위(魏)·오(吳)를 삼국이라 한다. 중원에서 기선을 제압했던 위의 조조(曹操), 제갈공명(諸葛孔明)을 삼고의 예로 맞아들였던 서남 지역의 유비(劉備), 중남부 지역에서 세력을 떨쳤던 오의 손권(孫權)······. 이들 삼국은 반 세기 동안 역사에 각각 그들의 발자취를 남겼지만, 끝내는 제갈공명과 오장원에서 오랫동안 대치했던 위나라 대장군 사마의(司馬懿)의 손자 사마염(司馬炎)이 세운 서진(西晉)에 의해 오나라가 마지막으로 멸망당함으로써 무대에서 사라졌다.

진(晉)나라는 사마염이 위나라로부터 천자의 자리를 물려받은 뒤 15년 되는 태강 원년(280)에 오나라를 멸망시킴으로써 분열되었던 중국은 재통일을 맞게 되었다. 진나라는 전·후반을 합쳐 156년간 존속되었는데 전반 52년간은 수도를 낙양에 두었기 때문에 역사상 서진(西晉, 265~316)이라 하고, 후반 104년간은 수도를 건강(建康: 지금의 남경(南京))에 두었기 때문에 동진(東晉, 317~420)이라고 불린다.

서진이 기원 316년에 멸망하자 서진의 일족인 사마예(司馬睿)는 317년 건업(建業)을 건강으로 개명하고 이곳을 수도로 동진을 세웠다. 사마예는 동진의 관중으로 불리는 왕도(王導)의 도움으로 강남 지역 호족들을 복종시켜 동진의 기반을 튼튼히 해나갔다. 한편 남쪽의 동진왕조와 때를 같이하여 중국 북부에서는 흉노(匈奴)·선비(鮮卑)·갈(羯)·저(氐)·강(羌) 등 다섯 이민족이 약 130년간에 걸쳐 중국 북부에 16개의 왕조를 세우게 되는데, 이를 오호십육국(五胡十六國)이라 부른다. 한때 전진(前秦)이 중국 북부를 통일하였으나 비수(肥水)의 대전에서 동진에게 패함으로써 통일의 꿈이 와해되었다. 그후 10개국이 할거하여 서로 다투던 중국 북부는 마침내 선비족의 탁발씨(拓跋氏)가 세운 북위(北魏)에 의해 통일되었고, 남부의 동진은 말기에 이르러 남조 송(宋)을 세운 유유(劉裕)에게 멸망당하였다. 즉, 북부는 북위가 통일하고 남부는 송의 유유가 통일함으로써 남북조(南北朝)시대가 열리게 되었다.

남북조의 시대 구분에는 이설(異說)이 있지만 여기서는 동진왕조가 멸망한 때부터 수(隋)나라가 천하를 통일하기까지의 시기를 따랐다. 따라서 남조는 동진왕조에 이어 강남 지방에 세워졌던 송(宋, 420~479), 제(齊, 479~502), 양(梁, 502~557), 진(陳, 557~589)의 네 왕조를 말하고, 북조는 오호십육국의 혼란을 통일한(439) 북위(北魏, 386~534), 동위(東魏, 534~550), 서위(西魏, 535~556), 북제(北齊, 550~577), 북주(北周, 556~581)의 다섯 왕조를 말한다. 연대적으로는 북위가 북부 중국을 통일한 439년부터 남조의 진이 수나라에 멸망되어 남북조로 갈라졌던 중국의 통일이 이루어진 589년까지의 약 150년간을 가리킨다. 이 시대의 특징은 왕조의 교체가 빈번하여 이에 따라 사회적 혼란이 극심하였다는 점이다.

수왕조의 창립자 문제(文帝)는 그때까지의 악정을 과감히 개혁하고 정치에 정진하는 한편, 북으로는 호족들을 물리치고 남으로는 남조 최후의 진왕조를 멸망시켜 근 400년 동안 이어 오던 대분열의 시대에 종지부를 찍고 천하 통일의 대업을 이룩하였다. 하지만 수

양제 때부터의 갖은 실정과 각종 토목 공사, 고구려 원정 실패 등으로 민심이 돌아서고 반란이 일어나기 시작하니 수나라는 겨우 3대 39년 만에 멸망하였다.

  당나라를 세운 고조(高祖) 이연(李淵)에 이어 제위에 오른 태종(太宗) 이세민(李世民)은 안으로는 중앙 집권제를 확립하고 밖으로는 영토를 확장하여 당왕조 300년의 기초를 튼튼히 하였다. 이 시기는 사회가 안정되고 경제가 부흥하여 역사상 선정으로 일컬어지는 '정관(貞觀)의 치(治)'를 이룩하였다. 3대 이후 문란하던 정치는 6대 즉위한 현종이 정치를 개혁하여 국력의 충실을 기하자 당왕조는 다시 중흥되어 '개원(開元)의 치(治)'를 이룩하였다. 그러나 점차 정치에 싫증을 느낀 현종은 양귀비를 총애하여 간신을 중용함으로써 정치가 문란해지고 천하가 크게 어지러워져 급기야는 안사(安史: 안녹산(安祿山)·사사명(史思明))의 난이 일어나게 되었다. 이 안사의 난은 9년간 계속되어 겨우 진정되었으나, 이 난에 이은 지방 세력의 발호와 이민족의 침입, 환관의 횡포 등은 마침내 875년 황소(黃巢)의 난을 일으키는 결과를 가져왔다. 907년에 이르러 선무 절도사 주전충이 당왕조 최후의 황제 애제(哀帝)로부터 선양의 형식으로 황제의 위에 오르고 나라 이름을 양(梁)이라 하니, 이 나라를 역사상 후량(後梁)이라 부른다. 이렇게 해서 당왕조는 고조로부터 20대(代) 290년 동안 이어 오던 역사의 막을 내리게 되었다.

당나라가 멸망한 후 송(宋)나라가 중국을 통일하기까지 약 반 세기 동안 중원 지역에서는 후량(後梁)·후당(後唐)·후진(後晋)·후한(後漢)·후주(後周)의 다섯 왕조가 교체되면서 이어지고, 이와 때를 같이하여 중국 남부와 산서 일대에서는 주로 당나라 말기의 절도사들이 세운 오(吳)·남당(南唐)·오월(吳越)·민(閩)·초(楚)·남한(南漢)·전촉(前蜀)·후촉(後蜀)·형남(荊南)·북한(北漢) 등 열 나라가 할거하여 병존하고 있었다. 이를 10국이라 하고 중원 지역의 5대와 합쳐 '5대 10국'이라 부른다. 후주의 세종이 즉위하면서부터는 통일의 기운이 일게 되었고, 그가 죽은 후 통일의 대업은 그의 부장 조광윤이 송나라를 세움으로써 이루어지게 되었다.

송의 태조 조광윤은 중국 역사상 명군 중의 한 사람으로 꼽히는 인물로 문치주의로 무인 세력을 억제하고, 중앙 집권 체제의 확립에 힘을 기울였다. 그후 12세기 초엽 여진족이 세운 금나라는 요나라를 멸망시킨 후 여세를 몰아 중국에 침입하여 1127년에는 송나라의 수도 개봉이 함락되고 휘종·흠종이 포로가 되어 연행됨으로써 송나라는 사실상 멸망하게 되었다. 이때까지의 9대 168년간을 역사상 북송(北宋)이라 하고, 흠종의 동생인 고종이 강남으로 난을 피하여 임안(臨安: 항주(杭州))에 도읍하여 송나라를 이은 후부터는 남송(南宋)이라 한다. 남송과 금나라가 소강 상태를 유지하고 있을 즈음 북방에서 몽고가 서하·금나라를 멸망시키고 그 여세를 몰아 남송에 침입해 왔다. 남송에서는 항전파들이 최후까지 버텼지만 결국 당해내지 못하고 9대 152년 만에 몽고의 원(元)나라에 멸망하고 말았다.

몽고 초원의 영웅 칭기즈칸은 무력을 앞세워 유럽과 아시아를 석권하여 유례없는 대제국을 건설하였다. 세조 쿠빌라이는 후계자 싸움에서 승리하여 칸의 자리에 오른 후 나라 이름을 원나라로 고치고 수도를 연경(燕京: 북경(北京))으로 옮겨 대도(大都)라 칭하였다. 그의 치세 35년간은 원의 황금 시대로서 동서간의 교류가 활발해져 원의 수도 대도에는 유럽 각국에서 온 색목인(色目人)이 자주 눈에 띄었고, 외국 상품이 거래되기도 하였다. 원나라는 말기에 이르러 제위 계승을 둘러싼 분쟁과 라마교 숭배에 따르는 퇴폐적인 악습으로 국력이 쇠진하여, 대제국을 건설해 놓고도 중국을 통일한 지 불과 90년 만에 명나라를 일으킨 주원장(朱元璋)에 의해 멸망하였다.

주원장은 처음에는 미미한 존재였지만 차츰 공을 세워 두각을 나타내면서 여러 군웅을 물리치고 1368년 명나라를 세워 남경(南京)

에 도읍하였다. 이어 원나라의 잔존 세력을 막북(漠北)으로 몰아내고 중국을 통일하였다. 3대 영락제(永樂帝)는 1421년 수도를 북경으로 옮겼으며, 『영락대전(永樂大典)』을 편찬하였다. 14대 신종(神宗) 만력제(萬曆帝)가 즉위하면서부터 동북쪽에서 여진족의 누르하치가 그 세력을 확장하더니 끝내 중국을 침범하게 되었고, 이에 따른 백성들의 과중한 세 부담과 기근으로 농민 반란이 잇달아 일어나게 되었다. 농민 반란 가운데 특히 이자성은 그 세력이 호대하여 마침내 북경성을 점령하자 17대 숭정제(崇禎帝)가 자결함으로써 명나라는 17대 277년 만에 멸망하게 되었다. 그러나 이자성은 북경에 입성한 지 얼마 안 되어 산해관(山海關) 총병(總兵, 수비대장) 오삼계(吳三桂)의 반민족 행위로 북경에서 쫓겨나고 만주족인 청나라가 마침내 중국을 통일하게 되었다.

　1644년 수도를 북경으로 옮긴 후 각지에서 발호하는 반란 세력을 평정한 4대 강희제(康熙帝)로부터 옹정제(雍正帝)를 거쳐 건륭제(乾隆帝)에 이르는 100여 년 동안은 청의 전성기로 일컬어지고 있다. 이 기간에 청의 영토가 현저히 확대되었음은 물론 군주권이 강화되고 여러 제도가 정비되었으며 국가 재정이 충실하였다. 하지만 전성기를 거치면서 창업 당시의 청신했던 기풍이 점점 사라지고 사치 풍조에 젖어들면서 정치가 부패하고 사회적 모순이 드러나게 되었다. 특히 내정이 불안한 가운데 1840년에 있었던 아편전쟁에서의 패배는 거대한 중국의 무력함을 안팎으로 드러내게 되었다. 그 뒤 계속해서 일어난 태평천국의 난, 청일전쟁, 의화단의 난, 신해혁명 등으로 나라가 통제할 수 없을 지경이 되자 1912년 마지막 황제 선통제(宣統帝) 부의(溥儀)가 퇴위함으로써 청조는 막을 내렸다.

신해혁명의 성공으로 1912년 1월 손문(孫文)의 삼민주의를 강령으로 하는 중화민국(中華民國)이 탄생하였다(이후 현대사(現代史)는 많이 알려지기도 했고, 지면 관계상 생략).

차례

한시를 알면 중국이 보인다 1
추천의 글 ●5/머리말 ●10/중국 역사 개관 ●17/일러두기 ●38

제1부 만남 뒤에는 언제나 헤어짐이……

黃鶴樓送孟浩然之廣陵/李白 ●40
황학루에서 광릉으로 가시는 맹호연 선생을 전송하며/이백

送朱大入秦/孟浩然 ●43
장안으로 들어가는 주대를 보내며/맹호연

送杜十四之江南/孟浩然 ●46
강남으로 두황을 떠나 보내며/맹호연

秋夜寄丘二十二員外/韋應物 ●49
가을밤에 구원외랑에게/위응물

聽江笛送陸侍御/韋應物 ●52
강가의 피리 소리 들으며 육시어를 보내노니/위응물

別盧秦卿/司空曙 ●54
노진경과 헤어지며/사공서

嶺上逢久別者又別/權德輿 ●56
오랜만에 만난 사람과 고갯마루에서 다시 작별하며/권덕여

芙蓉樓送辛漸/王昌齡 ●59
부용루에서 신점을 보내며/왕창령

送郭司倉/王昌齡 ●62
곽사창을 보내며/왕창령

淮水與友人別/鄭谷 ●65
회수에서 벗과 헤어지며/정곡

送別/王維 ●68
그대를 보내며/왕유

臨高臺/王維 ●70
높은 누대에 올라/왕유

送沈子福之江南/王維 ●73
심자복을 강남으로 떠나 보내며/왕유

留別崔興宗/王維 ●77
최흥종을 남겨 두고 떠나며/왕유

欹湖/王維 ●80
호수에서/왕유

送元二使之安西/王維 ●83
원이를 안서로 떠나 보내며/왕유

送李侍朗赴常州/賈至 ●86
상주로 떠나는 이시랑을 보내며/가지

別董大/高適 ●89
동대와 헤어지며/고적

九日送別/王之渙 ●92
중양절에 헤어지며/왕지환

送別/王之渙 ●95
헤어짐/왕지환

重送裵郎中貶吉州/劉長卿 ●98
또다시 길주로 좌천되어 가는 배낭중을 보내며/유장경

重別夢得/柳宗元 ●101
유몽득과 다시 헤어지며 ● 유종원

過分水嶺/溫庭筠 ●104
분수령을 지나며 ● 온정균

江亭夜月送別/王勃 ●107
달밤에 강정에서 벗을 보내며 ● 왕발

自君之出矣/張九齡 ●110
당신이 떠나신 뒤로는/장구령

送崔九/裴迪 ●113
최구를 보내며/배적

送人/王建 ● 116
벗을 보내고/왕건

謝亭送別/許渾 ● 119
사정에서 그대를 보내고/허혼

惜別/杜牧 ● 122
그대와 헤어지며 ● 두목

東陽酒家贈別/韋莊 ● 125
동양 술집에서 헤어지며/위장

南行別弟/韋承慶 ● 128
남쪽으로 가면서 아우와 헤어지며/위승경

寄韋秀才/李群玉 ● 131
위수재에게/이군옥

送麴司直/郞士元 ● 134
국사직을 보내며/낭사원

相送/何遜 ● 137
서로를 보내며/하손

別詩/張融 ● 140
이별시/장융

送人/鄭知常 ● 144
님을 보내며/정지상

浿江曲/林悌 ● 150
대동강의 이별 노래/임제

제2부 술과 풍류

花下醉/李商隱 ● 154
꽃밭에서 취해서/이상은

題袁氏別業/賀知章 ● 157
원씨네 별장에서/하지장

勸酒/于武陵 ●160
술을 권하노니/우무릉

醉醒/黃景仁 ●164
술에서 깨어나/황경인

書堂飮旣, 夜復邀李尙書下馬, 月下賦/杜甫 ●167
서당에서 술을 마시고, 밤에 다시 이상서를 맞아 말에서 내리게 해서 달밤에 시를 짓노라/두보

宴城東莊/崔敏童 ●170
장안성 동쪽 별장에서 잔치하며/최민동

奉和同前/崔惠童 ●173
앞 시에 답해서/최혜동

自遣/李白 ●176
내 마음은/이백

山中與幽人對酌/李白 ●179
산중에서 처사와 술을 마시며/이백

哭宣城善釀紀叟/李白 ●182
술할아버지 기수를 애도하며/이백

送春詞/王維 ●185
봄을 보내며/왕유

少年行/王維 ●188
호기로운 젊은이들이여/왕유

酬柳郞中春日歸楊州南郭見別之作/韋應物 ●192
유낭중의 「봄에 양주로 돌아가려고 남곽에서 작별하다」는 시에 답함/위응물

問劉十九/白居易 ●195
유십구에게 묻노니/백거이

逢舊/白居易 ●200
옛 벗을 만나/백거이

對酒一/白居易 ●204
술을 마시며 1/백거이

對酒二/白居易 ●207
술을 마시며 2/백거이

飮酒看牡丹/劉禹錫 ●210
술을 마시며 모란꽃을 바라보니/유우석

西村/郭祥正 ●213
어느 외진 마을/곽상정

自遣/羅隱 ●216
내 마음은/나은

雪/金炳淵 ●220
눈 오는 밤에/김병연(김삿갓)

제3부 사랑, 언제나 그리운……

采蓮曲/崔國輔 ●224
연을 캐며 부르는 노래/최국보

玉階怨/李白 ●227
섬돌에 맺힌 시름/이백

陌上贈美人/李白 ●231
거리에서 미인에게/이백

三五七言/李白 ●234
삼오칠언시/이백

春望詞/薛濤 ●237
동심초/설도

春怨/金昌緖 ●240
봄날의 시름/김창서

子夜四時歌 春歌/郭震 ●243
자야의 노래 중 봄 노래/곽진

春夢/岑參 ●246
봄꿈/잠삼

玉臺體/權德輿 ● 249
님 그리며/권덕여

望夫石/王建 ● 252
그리운 님/왕건

寄西峰僧/張籍 ● 255
서봉에 계신 스님에게/장적

宮詞/張祜 ● 258
궁녀의 노래/장호

待山月/皎然 ● 261
그 달은 어디에/교연

夜雨寄北/李商隱 ● 264
비 오는 밤에 아내에게/이상은

怨詩/孟郊 ● 267
내 설움을/맹교

別湖上亭/戎昱 ● 270
호숫가 정자에서 사랑하는 여인을 떠나며/융욱

題都城南莊/崔護 ● 273
도성 남쪽 별장에서/최호

江樓書懷/趙嘏 ● 276
강루에서 지난 날을 그리며/조하

閨情/李端 ● 279
님 그리워/이단

偶成/李淸照 ● 282
문득 떠올라서/이청조

旅燈/申欽 ● 286
멀리 객지에서/신흠

無題/崔慶昌 ● 289
님 그리워/최경창

路上所見/姜世晃 ● 292
길을 가다가/강세황

答詩/郭暉遠 ● 295
무정한 편지에 답하여/곽휘원

艶陽詞/成侃 ● 298
우리 사랑은/성간

제4부 가는 세월, 잡을 수만 있다면

照鏡見白髮/張九齡 ● 304
거울에 비친 백발을 보고/장구령

秋浦歌/李白 ● 307
추포의 노래/이백

秋風引/劉禹錫 ● 311
가을 바람의 노래/유우석

除夜作/高適 ● 315
섣달 그믐날 밤에/고적

寄楊侍御/包何 ● 318
양시어에게/포하

秋思/許渾 ● 321
이 가을에/허혼

雜詩/陳祐 ● 324
잡시/진우

秋懷詩/韓愈 ● 327
이 가을에/한유

秋朝覽鏡/薛稷 ● 330
가을 아침에 거울을 보고/설직

勸學詩/朱熹 ● 333
가는 세월/주희

2권 차례
제5부 초탈과 유유자적

江雪/柳宗元
눈발 흩날리는 강가에서/유종원
春曉/孟浩然
봄날 새벽에/맹호연
書事/王維
보이는 대로 읊노니/왕유
竹里館/王維
죽리관에서/왕유
鳥鳴澗/王維
산새 우는 시냇가에서/왕유
田家春望/高適
한적한 시골에서 봄을 맞으며/고적
山中問答/李白
산중에서 주고받은 이야기/이백
獨坐敬亭山/李白
경정산에 홀로 앉아/이백
夏日山中/李白
한여름 산중에서/이백
早發白帝城/李白
아침 일찍 백제성을 떠나며/이백
白鷺/李白
저 백로는/이백
題竹林寺/朱放
죽림사에서/주방
答人/太上隱者
세상 사람들에게/태상은자
尋隱者不遇/賈島
은자를 뵈러 갔다가 만나지 못하고/가도
溪興/杜筍鶴
강상의 여유로움/두순학
江村卽事/司空曙
한가로운 강마을 생활/사공서
僧院/釋靈一
한적한 절에서/석영일
秋日/耿湋
가을날/경위
送靈徹上人/劉長卿
영철 큰스님을 배웅하며/유장경

送方外上人/劉長卿
속세를 초탈한 방외 큰스님을 배웅하며/유장경
逢雪宿芙蓉山/劉長卿
눈을 만나 부용산자락에 자면서/유장경
過鄭山人所居/劉長卿
정산인의 처소를 지나며/유장경
酬李穆見寄/劉長卿
찾아온 이목에게/유장경
貧交行/杜甫
가난할 때 사귀는 참우정/두보
題崔逸人山亭/錢起
최일인의 산정에서/전기
山館/皇甫冉
산의 객사에서/황보염
楓橋夜泊/張繼
밤에 풍교에 배를 대고 자면서/장계
l州西澗/韋應物
저주 서쪽 계곡에서/위응물
十五夜望月/王建
보름달을 바라보며/왕건
江村夜泊/項斯
강마을에서 묵으며/항사
池窓/白居易
가을 연못에서/백거이
古秋獨夜/白居易
늦가을밤 나 홀로/백거이
夜雨/白居易
밤비 내리는데/백거이
落花古調賦/白居易
떨어지는 꽃을 생각하며/백거이
古墳/白居易
옛 무덤을 바라보며/백거이
秋詞/劉禹錫
가을의 노래/유우석
清明/杜牧
청명 호시절에/두목
春日晏起/韋莊
봄날에 늦게 일어나/위장

夏意/蘇舜欽
여름날에/소순흠

溪居/裴度
시냇가에 살며/배도

牧童/呂巖
저 목동은/여암

游鍾山/王安石
종산에서 노닐며/왕안석

寒江獨釣圖/唐肅
추운 강에서 시를 낚아 오는 선비/당숙

夜泊/周密
하룻밤 묵으러 가는 길에/주밀

山中示諸生/王守仁
산에서 제자들에게 이르노니/왕수인

冬夜/黃景仁
겨울밤에/황경인

山寺夜吟/鄭澈
산사 저녁에/정철

不亦快哉行/丁若鏞
또한 통쾌하지 아니한가/정약용

難飮野店/金炳淵
밤 주막에서 겨우 술을 마시다/김병연(김삿갓)

靑山倒水來/金炳淵
청산이 물 속에 거꾸로 박혔나니/김병연(김삿갓)

居山詩/沖止
거산시/충지

제6부 진경산수시, 꿈엔들 잊힐리야……

鹿柴/王維
녹채에서/왕유

望廬山瀑布/李白
여산폭포를 바라보며/이백

望天門山/李白
천문산을 바라보며/이백

江村/杜甫
강마을을 바라보니/두보

雨過山村/王建
비 개인 뒤의 산촌 풍경/왕건

春行寄興/李華

봄나들이/이화

桃花谿/張旭
도화계/장욱

遺愛寺/白居易
그 절에 가면/백거이

暮江吟/白居易
저녁 강가에서/백거이

登鸛雀樓/王之渙
관작루에 올라/왕지환

山行/杜牧
가을 산자락에서/두목

終南望餘雪/祖詠
종남산의 잔설을 바라보며/조영

還自廣陵/秦觀
광릉에서 돌아오는 길에/진관

夜泉/袁中道
밤 계곡에 흘러내리는 물/원중도

四時/顧愷之
일 년 풍광/고개지

金剛山/宋時烈
금강산/송시열

白鷗/金炳淵
갈매기/김병연(김삿갓)

金剛山(其一)/金炳淵
금강산 1/김병연(김삿갓)

金剛山(其二)/金炳淵
금강산 2/김병연(김삿갓)

九月山/金炳淵
구월산/김병연(김삿갓)

제7부 고향이 그리워도……

行軍九日思長安故園/岑參
전쟁터 군영에서 중양절에 고향 장안을 그리며/잠삼

見渭水思秦川/岑參
위수를 보며 고향 진천을 생각함/잠삼

復愁/杜甫
다시 고향을 걱정하며/두보

絶句/杜甫

고향을 그리며/두보
聞雁/韋應物
기러기 소리 들으며/위응물
蜀中九日/王勃
촉땅에서 중양절을 맞으며/왕발
山中/王勃
산중에서/왕발
靜夜思/李白
고요한 밤에 고향을 그리며/이백
客中行/李白
나그네길의 노래/이백
春夜洛城聞笛/李白
봄날 밤 낙양성에서 피리 소리를 들으며/이백
秋思/張籍
가을, 고향 생각에/장적
九月九日憶山東兄弟/王維
중양절에 산동에 있는 형제를 생각하며/왕유
雜詩/王維
고향집 매화나무는/왕유
逢入京使/岑參
장안으로 돌아가는 사신을 만나서/잠삼
西亭春望/賈至
서정에서 봄경치를 완상하며/가지
胡渭州/張祜
오랑캐땅 위주에서/장호

渡桑乾/賈島
상건하를 건너며/가도
夜上受降城聞笛/李益
밤에 수항성에 올라 피리 소리를 들으며/이익
懷故國/修睦
고향을 그리며/수목
渡漢江/宋之問
한강을 건너며/송지문
南樓望/盧僎
남쪽 누대에 올라/노선
登樓/羊士諤
누에 올라/양사악
寄王琳/庾信
왕림에게 부쳐/유신
人日思歸/薛道衡
정월 초이렛날에 귀향을 그리며/설도형
京師得家書/袁凱
고향에서 온 편지/원개
秋夜雨中吟/崔致遠
비 내리는 가을 밤에/최치원
寄家書/李安訥
고향에 부치는 편지/이안눌
甲山/許篈
갑산에서 어머니를 그리며/허봉

【 일러두기 】

1. 이 책에 실린 대부분의 시인은 당(唐)나라 시인들이고, 일부분이 당(唐) 전후(前後)에 세워졌던 나라의 시인들이다. 해서 당나라 시인들은 별도로 표시를 하지 않고 다른 시대 시인들만 이름 뒤에 나라 표시를 했다. 원래 중국 문학을 개괄해서 한문(漢文)·당시(唐詩)·송사(宋詞)·원곡(元曲)·명청소설(明淸小說)이라고 하지 않던가. 한시(漢詩)는 역시 당대가 양적으로나 질적으로나 최고 수준이다. 해서 『전당시(全唐詩)』에 실린 시인의 수효가 2,200여 명이요, 실린 시편(詩篇)이 48,000여 편에 이르는 것도 무리가 아니다.
2. 되도록이면 고사(故事)·전거(典據)가 없는 한시를 실었다. 중국 역사를 별로 알지 못하는 사람들이 번잡한 주석(註釋)이나 고구(考究)를 요하게 되면 한시를 어렵거나 지겨운 대상으로 여길 소지가 많기 때문이었다. 하지만 또 당연하게도 어쩔 수 없이 어려운 한시도 몇 편 싣게 되었다.
3. 지명(地名)이나 인명(人名)은 모두 우리식 발음으로 표기했다. 중국어를 모르는 사람들한테는 중국어 발음식 표기가 너무나 생소하기 때문이다. 요즘 각종 매스컴에서 중국식 발음대로 방송하고, 보도하고, 쓰고 있는데 대다수 일반인들은 적잖이 당혹해 하고, 혼란스러워하고, 어려워하고 있다. 그래 봐야 우리가 아는 것은 '마오쩌둥'과 '덩샤오핑' 정도다. 이런 발음도 맞는지 모르겠지만……. 모름지기 모르는 것을 알려 주는 것도 중요하지만, 선도(先導)·안내(案內)·교양(敎養)·세계화(世界化)라는 미명(美名)하에 대다수 국민들을 불편하게 하거나 어리둥절하게 만들어서는 안 된다. 우선은 우리식(式)대로 하고, 그 다음에 병행을 하고, 그런 연후에 국제 관례대로 하면 될 것이다.
4. 주(註)의 맨 뒤에 적힌 한자들은 그 낱말과 관련이 있는 단어들을 적어 본 것이다. 쉽게 이해가 가지 않은 독자들은 수고스럽더라도 사전을 찾아보기 바란다. 한시에 대한 주(註)는 상세하고 친절하게 적었지만, 나머지는 연습문제 푸는 셈치고, 좀더 공부한다치고 노력을 기울이기 바란다. 노력을 하면 당연히 오는 것이 있다는 것은 만고의 진리가 아닌가.
5. 이 책에 나오는 간단한 문자 표기법을 소개한다. 노래는 클래식이건 팝이건 우리 가요건 〈 〉로, 책·시·그림·영화·프로그램은 『 』로, 수필은 「 」로 표시하였다.

제1부

만남 뒤에는 언제나 헤어짐이……

굳이 회자정리(會者定離)라는 말을 들먹이지 않아도 우리네 인생(人生)이란 것이 늘 헤어짐과 다시 만남의 연속이 아니던가. 군입대, 유학, 이민, 죽음, 실연 등으로 가까이 지냈던 사람들과 헤어지고는 마음 아파하고, 잠 못 이루고, 보고 싶어서 어쩔 줄 모르고……. 또 그러다가 잘 되면 기쁨과 즐거움은 잠시고, 이내 싫증내고, 싸우고, 미워하게 되는 것이 아둔한 인간들의 영원한 업보(業報)라고 할 수 있다. 헤어질 때 그리워하는 마음의 몇 분의 일만 아껴 뒀다가 만날 때 쓰면 인생은 한결 풍요로워지고 안분자족(安分自足)할 수 있을 텐데…….

> 黃鶴樓送孟浩然之廣陵
> 李白
>
> 故人西辭黃鶴樓
> 烟花三月下楊州
> 孤帆遠影碧空盡
> 惟見長江天際流
>
> 황학루에서 광릉으로 가시는 맹호연 선생을 전송하며
> 이백
>
> 오랜 친구 서쪽으로 황학루를 하직하고
> 안개꽃 핀 춘삼월 양주로 내려가시네
> 외로운 돛배 먼 그림자 푸른 하늘 속으로 사라지고
> 오직 양자강만이 하늘 끝으로 흐른다

사람마다 콤플렉스가 있듯이 민족도 콤플렉스가 있는 모양이다. 특히나 우리같이 작은 나라에 사는 민족은 더한 모양이다. 그러길래 걸핏하면 빌딩, 분수, 다리 하나를 세우고 나서도 동양 최대, 아시아 최대, 세계 최대를 뽐내지 않는가 말이다. 과연 외국 사람들이 그런 것들을 알아줄는지는 모르겠지만……

나는 한시를 보면서 중국 사람들의 호방하고 여유롭고 유연함을 많이 느꼈다. '장강(長江)'도 그런 뉘앙스를 풍기는 단어의 일종이다. 적어도 양자강 정도는 되어야 '장(長)' 자를 붙이지, 어디 다른 조무래기 강들이야 그 축에도 끼지 못할 것이다. 하긴 그네들은 장강이란 표현도 그다지 자주 쓰지 않는다. 다른 강에는 '강(江)'이나 '수(水)' 자를 붙여도 양자강은 그냥 '강(江)'이라고 부른다. 그래도 다들 그게 양자강인 줄 안다. 유독 예외는 있다. 바로 '황하(黃河)'다. 황하도 덤덤하게 황하라고 부르지 않는다. 그냥 '하(河)'라고 부른다. 그러면 다 그게 황하인 줄 안다.

미국 프로야구를 보면 그들의 오만함과 여유를 느낄 수 있다. 우리와 일본은 '코리안 시리즈', '재팬 시리즈'로 부르는데 그들은 '월드 시리즈'로 부른다. 거기에 이의를 다는 사람은 없다. 어차피 종주국이고 수준도 세계적이니까 '월드 시리즈'로 불러도 타당하다.

중요한 것은 이렇게 남들이 인정해 주는 것이다. 우리는 아직도 여전히 다리 하나만 새로 지어도 '무슨 대교'라고 못을 박는다. 과연 그 다리가 대교일까. 서울에만 대교가 과연 몇 개나 될까. 우리네 마음이, 우리네 졸속 행정이, 전시 위주의 행정이 그런 무지한 '대(大)' 콤플렉스에서 벗어나야 우리도 진정한 '대(大)'의 반열에

들 수 있다. 나라가 적다고, 몸집이 적다고 늘 '소(小)'는 아니다. 하지만 우리네 마음은 아직도 '소(小)'의 수준을 벗어나지 못하고 있다.

【註】
1) 黃鶴樓(황학루): 지금의 湖北省 武漢市에 있었던 樓閣. 아래로 揚子江이 굽어 보인다.
2) 之(지): 가다.
3) 廣陵(광릉): 지금의 江蘇省 揚州市. 당시 중국의 동남부에서 가장 번화했던 도시.
4) 故人(고인): 친구. 孟浩然을 가리킨다. 친구라고 했지만 실은 李白보다 12살이 더 많았다. 해서 맹호연 선생이라고 번역했다.
5) 辭(사): 물러나다, 떠나다.
6) 烟花(연화): 안개 속에 만발한 꽃. 강가에 안개가 피어오른 가운데 흐드러지게 피어난 꽃들을 상상해 보시라. 이 어찌 絶景이 아닌가.
7) 遠影(원영): 먼 그림자. 그림자가 멀리 비치는 것을 말한다.
8) 碧空(벽공): 푸른 하늘.
9) 盡(진): 다하다, 사라지다.
10) 長江(장강): 양자강.
11) 天際(천제): 하늘가, 하늘 끝.

> 送朱大入秦
> 孟浩然
>
> 遊人五陵去
> 寶劍直千金
> 分手脫相贈
> 平生一片心
>
> **장안으로 들어가는 주대를 보내며**
> 맹호연
>
> 떠도는 사람 오릉으로 가는데
> 아주 귀한 보검을
> 헤어질 때 그대에게 드리니
> 평생 변치 않을 마음이라네

한시를 접할 때 어려운 것들 중 하나가 실명(實名)이 자주 나오지 않는다는 것이었다. 이 시로 예를 들자면 '송주대입진(送朱大入秦)'이 제목인데, 아는 대로 풀자면 '진으로 들어가는 주대를 보내며' 정도다. '진(秦)'은 대부분의 해설서에 보면 당시의 수도였던 장안(長安)을, 아니면 그 일대를 가리킨다고 해서 '장안으로 가는 주대를 보내며'로 진일보된 풀이를 할 수 있다. 그런데 주대? 이름이 대인가? 해서 이 책 저 책을 다 뒤져 보아도 별 설명이 없다. 사람 이름, 주는 성, 대는 배항. 이 정도가 다였다.

다른 시들을 보아도 사정은 마찬가지였다. 갑자기 성 다음에 9(九), 14(十四), 22(二十二) 같은 아라비아 숫자가 불쑥 튀어나와 당혹스럽게 만들곤 했다. 그런데 가만히 생각해 보면 그렇게 어려운 것만도 아니었다. 매일 아침 신문 부고란을 보면 백씨상(伯氏喪), 중씨상(仲氏喪), 계씨상(季氏喪) 같은 것들이 나오지 않는가. 형제가 넷이면 백중숙계(伯仲叔季)의 순이다. 백(伯) 대신 맹(孟)을 쓰기도 한다.

요즘이야 우리도 그렇고 중국도 그렇고 다 핵가족 제도라 다 떨어져 살지만 예전에야 한 동네, 한 마을에 모여 살아서 형제들이 유달리 많은 일족은 주위 사람들이 이름 외우기도, 부르기도 쉽지 않았을 것이었다. 그래서 우리와 비슷하게 맨 위 형제는 '대(大)'로 표시하고, 그 다음부터는 숫자를 쭉 나열했던 것이 아닌가 싶다. 앞으로 자주 나오는 표현인만큼 배항이 뭐더라 머리를 쥐어짜지 말고 잘 기억해 두시기 바란다.

한 가지 더, 한시를 보면 배항 만큼이나 많이 나오는 것이 성 다음에 갖다 붙이는 직함이다. 해서 이름이나 숫자가 아닌 것이 나오면 그냥 '아, 이건 이 사람의 직책이나 직함이구나' 생각하면 큰 오

차가 없을 것이다. 어차피 직함은 그다지 중요치 않다. 직함이 인격이나 성공의 지름길은 절대 아니고, 더군다나 시대별로 나라별로 자주 바뀌는 그 많고 어려운 직함을 다 외운다는 것 자체가 불가능하다.

한 가지 궁금한 것은 있다. 역모나 문책들을 당해서 귀양 갈 때 빼고 그 당시 중국도 요즘 우리같이 관료들을 자주 바꿨을까?

【註】
1) 朱大(주대): '朱'는 姓. '大'는 '排行(배항: 일족의 같은 항렬에 속한 사람들의 순서를 매기는 것)'이 첫 번째인 사람. 곧 '朱大'는 '주씨네 형제들 가운데 맏이'라는 뜻. 하지만 정확히 누구인지는 알 길이 없다.
2) 秦(진): 진은 長安(당시 당나라의 수도) 지방. 곧 지방에서 서울로 상경하는 것.
3) 遊人(유인): 여기저기를 떠도는 사람. 당시에는 과거를 보거나 출세에 연연하지 않고 자신의 포부에 맞는 사람들을 찾아다니는 俠客들이 많았다. 孔子 또한 그렇지 않았던가.
4) 五陵(오릉): 장안 북쪽에 있는 지명. 漢 高祖의 長陵, 惠帝의 安陵, 景帝의 陽陵, 武帝의 茂陵, 昭帝의 平陵이 모여 있어서 五陵이라는 이름이 붙었다. 唐시절에는 부자들의 별장과 호화주택이 많고 遊俠들이 많이 놀던 곳.
5) 直(치): 값. '値'와 같음.
6) 分手(분수): 잡고 있던 손을 놓다, 나누다. 헤어짐.
7) 脫(탈): 벗다, 끄르다, 풀다.

送杜十四之江南
孟浩然

荊吳相接水爲鄉
君去春江正淼茫
日暮孤舟何處泊
天涯一望斷人腸

강남으로 두황을 떠나 보내며
맹호연

형 지방과 오 지방은 서로 닿아 있는데 물로 둘러싸인 곳
그대 떠나는 봄날의 강이 멀리 아득해 보이네
해 저물면 외로운 배 어디에 댈는지
하늘 끝 바라보니 애간장이 끊어지네

예로부터 뭍에서 뭍으로 떠나는 것보다, 뭍에서 강으로 떠나는 것이, 보내는 사람이나 남는 사람이나 다들 마음이 애잔했을 것이다. 배의 건조 상태, 개발이 안 된 뱃길, 느닷없이 거세지는 물살 등으로 해서 뭍으로의 여행보다 훨씬 위험했을 것이다. 뭍이야 요즘같이 교통사고가 있을 턱이 없고, 기껏해야 맹수나 산적들만 잘 피하면 먹고 자는 것 이외에는 큰 어려움이 없었을 것이다. 더구나 뱃길이 며칠씩 걸리는 긴 여정이면 사람들의 마

음은 더 아팠을 것이다. 거기다 봄이 되어 강물이 불어서 강남이 더욱 아득하게 느껴졌음은 인지상정이 아닌가.

하기는 다른 이유도 있을 수 있다. 당시만 해도 양자강 이남과 이북은 많은 차이가 있었다. 역대 중국 왕조의 수도가 함양, 장안, 낙양 등 주로 북쪽에 위치하고 있어서 아무래도 벼슬을 하려면, 남아의 포부를 펴려면 북쪽이 나았을 것이다. 기후도 좋고 물산도 많고 교역도 잘 이뤄지는 강남이 사람 살기에는 좋았겠지만 사람이 그런 것만 가지고 살 수는 없는 노릇. 황제를 가까이 할 수 있는 곳, 정치가 행해지는 곳이 아무래도 출세와 벼슬하기에는 좋은 법이다. 그래서 사람들은 자식을 낳으면 도회지로, 서울로 보내려고 그 안간힘들을 쓰지 않는가.

거기다 그 당시에는 귀양을 북쪽 오랑캐 땅이나 서쪽 변방, 그리고 강남 이남 지방으로 많이들 보냈다. 한 번 가면 다시 오기 힘든 곳이라는 인식들이 은연중 사람들 뇌리에 각인되어 있었을 것이다.

어쨌거나 이런저런 이유로 해서 사람들은 벗이나 님이 강남으로 떠날 때 더 처연한 심정이 되는지도 모르겠다.

그리고 버스터미널이나 기차역에서의 이별과 항구에서의 이별을 한 번 비교해 보시라.

【註】
1) 杜十四(두십사): '杜'는 姓, '十四'는 배항. 곧 두씨 형제들 가운데 서열이 열네 번째인 사람. 杜晃(두황)을 말함.
2) 江南(강남): 양자강 남쪽의 江蘇省, 安徽省, 江西省 일대를 가리킴. 예전 삼국(衛·蜀·吳)시대 吳 지역에 해당.
3) 荊(형): 전국시대 楚 지역. 지금의 湖南省과 湖北省 부근. 여기서는 맹호연이 있는 곳을 말함.
4) 吳(오): 전국시대 吳 지역. 두황이 가는 강남을 말함.
5) 水爲鄕(수위향): 물로 둘러싸인 곳.
6) 君(군): 그대, 당신.
7) 春江(춘강): 봄이 되어 물이 불어 있는 양자강. 얼음이 녹거나 비가 많이 와서 물살이 거세지거나, 강물이 많이 불은 강은 평상시보다 더 거대해 보인다. 가뭄 때의 한강과 장마가 끝난 뒤의 한강을 한 번 비교해 보시라.
8) 淼茫(묘망): 물이 끝없이 넓은 모양.
9) 泊(박): 배를 대다, 정박하다.
10) 天涯(천애): 하늘 끝. 아득히 먼 곳.
11) 斷人腸(단인장): 애간장이 다 끊어지다. 슬픔이 극에 달한 것을 말함.

> 秋夜寄丘二十二員外
> 韋應物
>
> 懷君屬秋夜
> 散步詠涼天
> 山空松子落
> 幽人應未眠
>
> **가을밤에 구원외랑에게**
> 위응물
>
> 그대를 그리워하는데 때마침 가을밤
> 여기저기 거닐며 서늘한 기운 속에 읊조리네
> 인적 없는 산에 솔방울 떨어질 터이니
> 은거하는 그대도 분명히 잠 못 이룰 것이어늘

우리가 아는 중국 사람들은 참으로 불우하다. 공자, 사마천이 그렇고 이백, 두보, 유종원을 비롯한 많은 시인과 예술가들이 그러하다. 하기는 영웅호걸은 시대를 잘못 타고 태어나야 비로소 영웅호걸이 될 수 있다는 말도 있지 않은가.

역대 중국 왕조를 보아도 그렇다. 진, 한, 수, 당, 송, 원, 명, 청 등 숱한 왕조가 단명한 왕조다. 워낙 땅덩어리가 커서 그런지 하루도 내우외환이 없는 날이 없었다. 거기에 우리만 그랬던 것이 아니라 중국도 왜 그리 역모, 파벌, 음해, 질시가 많았든지 툭하면 귀양이요, 자고 나면 삭탈관직이었다. 또 시라는 것이, 예술이라는 것이 편안한 환경에서보다는 시련 속에서 더욱 그 빛을 발하는 것이 아닌가. 짧은 생애를 살고, 멀리 귀양을 가고, 주위 환경이 좋지 않았던 문인들이 더 좋은 작품을 남기고 간 것을 보면, 본인들한테는 가혹한 얘기겠지만 후세 사람들을 위해서는 그들에게 주어진 열악한 시대적 조건들이 고맙기까지 하다.

높은 관직에 있었던 사람들도 그렇지만 훌륭한 문인들의 경우는 왜 그렇게 삶이 가혹했는지 모르겠다. 재주는 있었지만 벼슬길에 들지 못해 끼니조차 어려운 사람들도 많았고, 어렵게 관직에 들어섰는데 온갖 음해를 받아 멀리 귀양을 가서 사랑하는 가족과 고향을 다시는 못 본 사람들도 있었고, 또 그렇게 가까웠던 친구를 멀리 떠나 보내고는 가슴 아파했던 사람들도 참으로 많았다. 해서 당시에는 자의 반 타의 반으로 은거하거나 떠도는 사람들이 많았다. 이 시의 주인공도 그랬던 모양이다.

한 가지 재미있는 것은 우리나 그들이나, 예나 지금이나 은퇴하거나 쫓겨나기 전 직함이 그대로 쓰인다는 사실이다. 그래서 '원외(員外)'가 아닌가. 한 번 대령이면 영원한 대령이고, 한 번 부장이면 퇴사해서도 영원히 부장님으로 불린다. 그래서 또 사람들은 출세하려고 그렇게 안간힘을 쓰고, 안달을 하는 모양이다.

【註】
1) 寄(기): 부치다, 보내다, 주다.
2) 丘二十二(구이십이): '丘'는 姓, '이십이'는 배항. 본명은 '丘丹(구단)'이다.
3) 員外(원외): '원외'는 上書省 소속 벼슬인 員外郞(원외랑).
4) 屬(속): '適'의 뜻. 마침 ~이다.
5) 凉天(양천): 서늘한 공기, 쌀쌀한 날씨.
6) 幽人(유인): 은거하는 사람. 세상을 피해 숨어 사는 사람. 여기서는 구원외를 가리킨다.
7) 應(응): 응당, 마땅히.

> 聽江笛送陸侍御
> 韋應物
>
> 遠聽江上笛
> 臨觴一送君
> 還愁獨宿夜
> 更向郡齋聞
>
> 강가의 피리 소리 들으며 육시어를 보내노니
> 위응물
>
> 멀리 강가에서 부는 피리 소리를 들으며
> 그대 보내는 술잔을 마주하네
> 또 걱정되는 것이, 혼자 잠드는 밤에
> 다시 이 서재에서 저 소리를 듣는 것이라오

소리라는 것이 참으로 묘한 것이어서, 환경에 따라서, 듣는 기분에 따라서 참으로 다양하게 느껴지고 여러 갈래로 들린다. 기분 좋을 때는 무슨 소리도 좋게만 느껴지고, 실연했을 때는 들리는 노래마다 자신의 기분을 대변해 주는 듯이 애절하게 들린다.

친구를 보내는 자리, 장소도 호젓한 강가에다가 사람들도 다 빠져 나간 높다란 누각, 술과 안주가 차려져 있지만 이별을 앞둔 자리라 흥이 날 리가 없는데 저 멀리 강 위에서 누군가 애절하게 부는 피리 소리가 송별의 자리에 모인 사람들을 더욱 가슴 아프게 한다. 그 애절한 소리를 지금이야 같이 나눌 수 있지만 친구가 떠난 다음부터는 함께 지내던 서재에서 혼자 들어야 하니 그 얼마나 애처로울까.

기쁨은 나누면 배가 되고 슬픔은 나누면 반이 된다고 했는데 그 슬픔을 나누지 못하면 마음은 더욱 찢어질 것이다.

한편으로는 친구를 보내면서 이런 시를 쓸 수 있는 작자의 순수한 마음이 부럽고, 또 그런 친구를 가진 육시어가 부럽다. 요즘이야 친구가 이민을 가도 공항을 빠져 나오면서 웃는 시대가 아닌가.

【註】
1) 江笛(강적): 강가에서 부는 피리 소리.
2) 陸侍御(육시어): 陸은 姓, 侍御는 官職名.
3) 臨觴(임상): 술잔을 마주하다, 술자리에 임하다, 술잔을 들다. 臨戰. 濫觴(남상: 사물의 시초).
4) 還愁(환수): 또 걱정되다, 재차 근심이 되다.
5) 獨宿夜(독숙야): 혼자 자는 밤에.
6) 更向(갱향): 다시 대하다, 마주하다, 접하다.
7) 郡齋(군재): 높은 樓臺로 지어진, 郡守 官舍에 있는 書齋.

> 別盧秦卿
> 司空曙
>
> 知有前期在
> 難分此夜中
> 無將故人酒
> 不及石尤風
>
> **노진경과 헤어지며**
> 사공서
>
> 앞으로 만날 날 있을 줄 알지만
> 이 밤에 헤어지기는 참으로 어렵네
> 그대에게 권하는 술의 힘이
> 돌개바람만 못하게 하지 마시게

바닷가 마을에는 유달리 과부들이 많아, 어렸을 때 보았던 영화도 그렇고 소설도 그렇고 갯마을을 주제로 한 작품들의 대부분은 혼자 사는 과부들의 애환을 그린 것들이었다.

문명화된 지금도 바다에서는 각종 사고가 빈번한데 예전에야 경험과 육감과 재수만을 믿고 무모하리만치 바다로 나가야만 했던 것이 어부들의, 뱃길에 떠돌아다니며 장사하던 사람들의 숙명이었다. 비바람이 저만치서 다가오는 것이 뻔한데도 그들이 바다로 나간 것은 다름이 아니었다. 자신과 가족들이 살기 위해서는 달리 방도가 없었다.

매번 돌아올 때마다 용왕께 감사드리고, 행여 그 귀환이 마지막이 아니기를 빌고 또 빌고, 그러다가 어느 날 끝내 못 돌아오면 며칠을 울부짖다가도 이내 자신의 숙명으로 여기는 여인네들의 한……. 그게 바로 '석우풍'의 고사를 낳은 것이다. 이런 고사는 세계 각지의 바닷가 마을 어디서라도 찾을 수 있다. 따지고 보면 '망부석'의 전설도 다 그런 것이 아닌가.

그런 석우풍의 고사를 들먹이면서 친구와의 이별을 아쉬워하는 작자의 심정이 애틋하기만 하다.

【註】
1) 盧秦卿(노진경): 사공서의 친구. 生沒年代는 未詳.
2) 前期(전기): 앞으로 다시 만날 기회.
3) 難分(난분): 헤어지기 어려움. 차마 발길이 떨어지지 않는다.
4) 此夜中(차야중): 이 밤중에, 이 한밤중에.
5) 將(장): ~로써, ~을, ~가지고. '以'의 뜻과 같음. 이 詩에서는 '내가 권하는 술이, 술의 힘이'의 뜻.
6) 故人(고인): 친구.
7) 不及(불급): 미치지 못하다. 끼치지 못하다. 닿지 못하다.
8) 石尤風(석우풍): 거슬러 부는 바람. 逆風. 옛날 尤郎의 아내 石氏가 남편이 먼길에 장사 나가는 것을 말렸으나 듣지 않고 떠나 버렸다. 이후 그가 돌아오기를 날마다 기다리다가 지쳐 마침내 병들어 죽게 되었다. 임종의 자리에서 '내가 죽으면 큰 바람이 되어 천하의 아내들을 위하여 그의 남편들이 멀리 장삿길 떠나는 것을 막으리라'고 말했다는 고사에서 온 말.

> 嶺上逢久別者又別
> 權德輿
>
> 十年曾一別
> 征路此相逢
> 馬首向何處
> 夕陽千萬峰
>
> 오랜만에 만난 사람과 고갯마루에서 다시 작별하며
> 권덕여
>
> 십 년 전에 헤어진 그대
> 나그네길 여기서 서로 만나네
> 말머리는 어디를 향하는가
> 석양이 숱한 봉우리들을 비추네

따지고 보면 우리네 인생이라는 것이 참으로 묘하고, 가혹하기도 하고, 알다가도 모를 일이다. 누구는 자손 대대로 화목하고 편안하게 잘 사는데, 누구는 뭐 그렇게 죄지은 것도 없고 나쁜 짓 한 것도 없는데 당대는 물론이고 자손들까지 업보를 받는 것을 보면 세상 참 고르지 못하다는 생각이 든다.

어떤 사람은 평생을 살면서도 이별 한 번 안 해보는 사람도 있고, 누구는 전쟁통에 남편을 잃고 자식들마저 군대에 보내 잃은 경우도 있다. 어릴 때 사귄 친구를 늙어 죽을 때까지 같이 지내는 사람도 있고, 죽마고우를 일찍이 잃고 일생을 허전하게 보내는 사람도 있다. 한 번 사귄 사람과 결혼해서 검은 머리 파뿌리 되도록 사는 사람도 있고, 많은 헤어짐 끝에 어렵사리 결혼을 했는데 그만 신혼 때 사별하는 사람도 있다.

하지만 또 곰곰이 생각해 보면 우리네 인생만큼 정직하고 공평한 것도 없다는 생각이 들기도 한다. 한쪽 재능이 뛰어난 사람은 다른 쪽 재능이 뒤지고, 경제적으로 남보다 여유가 있는 사람은 정신적으로나 심적으로 쪼들리는 경우가 많고, 군대에 다녀오지 않은 사람은 남들이 고생한 3년은 편했는지 모르지만 나중에 친구들이 술자리에서 군대 얘기할 때 늘 뒷전으로 밀리게 되고, 고교 시절 화려하게 스포트라이트를 받았던 운동 선수가 그때의 무리한 운동으로 나중에는 제대로 선수 생활을 하지 못하는 경우도 많고, 학창 시절 공부 못한다고 늘 꾸지람 듣던 친구가 사회에 나와서는 어엿하게 자수성가하는 경우가 또 얼마나 많은가.

아무쪼록 인생은 역지사지(易地思之)의 심정으로 살 일이다. 그래서 한 번쯤 헤어져 봐야 그 사람의 소중함이나 참모습을 알 수 있게 되는 것이 아닐까.

【註】
1) 曾(증): 일찍이, 이전에.
2) 征路(정로): 나그네길, 여행길. '征'은 '行'과 같은 뜻.
3) 馬首(마수): 말머리, 가는 방향. 당시는 교통수단이 보통 말이었으므로 말머리가 향하는 곳이 가야 할 방향이 된다.
4) 千萬峰(천만봉): 수많은 산봉우리. 친구가 가야 할 방향에 있는 모든 산을 지칭한다.

> 芙蓉樓送辛漸
> 王昌齡
>
> 寒雨連江夜入吳
> 平明送客楚山孤
> 洛陽親友如相問
> 一片氷心在玉壺
>
> 부용루에서 신점을 보내며
> 왕창령
>
> 찬 비 강에 뿌리더니 밤 되자 오 땅에도 내리네
> 새벽녘 그대를 보내니 초산이 외롭네
> 낙양 친구들이 안부 묻거든
> 한 조각 변치 않을 마음이 옥병 속에 있다고 하게나

세상에 못 믿을 것이 사람의 마음이요, 또 그 중 믿을 만한 것이 사람 마음이기도 하다. 그래서 또 사람들은 배신이나 사기를 당하고 나서 회한에 잠기기도 하고, 별로 기대하지 않았던 사람들의 도움을 받고 나서 새삼 의리에 탄복하기도 한다.

그래도 믿을 만한 것은 친구간의 우정이다. 특히나 남자들의 경우 초등학교, 중학교, 대학교 때 친구들간의 우정보다는 고등학교

때의 우정을 제일로 친다. 그 이전에는 너무 어려서 친구가 뭔지 모를 때였고, 대학 때는 어느 정도 세상 물정을 알고 사귀기 때문에 아무래도 이해관계가 얽히기 때문에 그런 것이 아닐까 한다. 자연히 고등학교 때 친구가 우정도 제일 깊고 오래 간다. 하기는 이것도 일반론이지 각자의 개별적인 경우에 들어가면 천양지차가 나기도 한다. 그래서 인생은 다양하고 살아 볼 만한 것이 아닌가.

인간관계 중에서 제일 믿지 못할 것 중의 하나가 바로 남녀간에 애정이 얽힌 관계다. 그 사람이 없으면 곧 죽을 것같이 언행을 일삼다가도 바로 다른 사람한테로 가기도 하고, 주변의 유혹이나 꾐에 빠져 사랑을 헌신짝같이 내던져 버리는 것이 동서고금을 통틀어 그 어떤 말로도 설명할 수 없는 남녀관계다.

물론 온갖 회유와 감언이설과 선물 공세에도 꿋꿋하게 지조를 지키는 사람들도 많지만 대개의 경우 금세 허물어지는 것이 바로 사랑 전선이 아닌가 싶다. 그러길래 남자가 군대 간 그 3년을 못 참는 여자들도 많고, 가난할 때 사귄 애인을 조건이 좋은 상대를 찾아 가차없이 버리는 남자들도 많은 것이 아닌가.

어쨌거나 헤어질 때 서로 남기는 정표도 좋고, 신표도 좋고, 언약도 좋고, 굳게 다짐한 사연도 좋지만 진정으로 중요한 것은 마음이 아니던가. 어차피 변할 사람은 몇십 년 지기도 금방 등을 돌리고,

변하지 않을 사람은 반나절을 만나고 사귀어도 죽을 때까지 일편단심을 유지하는 법이다.

해서 독심술을 자랑하던 궁예도 측근들한테 배신을 당하지 않았던가. 세상 살면서 제일 힘든 것이 바로 사람의 마음을 바로 아는 것이다. 따지고 보면 헤어지고 배신을 당하는 것도 다 본인들의 자업자득이요, 자승자박이다.

【註】
1) 芙蓉樓(부용루): 지금의 江蘇省 鎭江市 서북쪽에 있었던 누각. 大運河를 내려다 볼 수 있어 이 누대에서 자주 송별연이 벌어졌다고 한다.
2) 辛漸(신점): 왕창령의 친구.
3) 寒雨(한우): 비오는 날 배를 타고 洛陽으로 떠나는 친구를 배웅하면 가슴이 저리고 외로움이 사무치는 법. 그래서 내리는 비도 차게 느껴지는 모양이다. 윤정하의 〈찬비〉를 들으며 이 詩를 감상하면 더욱 와닿을 듯.
4) 連江(연강): 강과 더불어. 연달아서.
5) 入吳(입오): 오나라에 들어가다. 吳와 楚는 춘추시대에 江南(양자강 이남)에 세워졌던 나라. 여기서는 江南 일대를 뜻한다. 당시 작자는 吳 땅으로 귀양 갔음. 따라서 첫 구는 자신이 귀양 왔을 때를 회상한 것.
6) 平明(평명): 동틀 때. 새벽녘. 平旦.
7) 楚山孤(초산고): 친구를 낙양으로 떠나 보내고 초산에 혼자 남은 작자의 외로운 심정.
8) 如相問(여상문): 어찌 지내느냐고 묻거든. 如何.
9) 一片(일편): 한 조각. 한결 같은 마음. 一片丹心(일편단심: 한 조각의 붉은 마음. 곧 충성심을 이름).
10) 氷心(빙심): 얼음처럼 맑고 깨끗한 마음.
11) 玉壺(옥호): 맑은 옥돌로 다듬어 만든 병. '玉壺氷心'은 변함없이 맑고 깨끗한 마음을 말한다. 投壺(투호: 화살을 병에 던져 넣어 승부를 겨루던 전통놀이).

> 送郭司倉
> 王昌齡
>
> 映門淮水綠
> 留騎主人心
> 明月隨良掾
> 春潮夜夜深
>
> **곽사창을 보내며**
> 왕창령
>
> 문에 비치는 회수는 푸른색인데
> 그대 붙드는 이 주인의 마음이네
> 밝은 달은 착한 아전을 따라가리니
> 밤마다 이 강물은 깊어만 간다

이 시를 읽고 나면 참으로 마음이 여유로워진다. 요즘같이 자고 나면 정부 요직에 있는 사람들의 부패 고리가 까발겨지는 세상에서는 더욱 그러하다. 권력이란 것이 정말로 요상한 것이어서 핵심부에 있건 맨 밑바닥에 있건 누구든 힘을 자랑하고 싶고, 과시하고 싶어지는 모양이다. 그러길래 세무서 9급 공무원이 엄청난 돈을 슬쩍 하고, 청와대 청소원한테까지 청탁이 들어가는 것이 아닌가. 부정부패는 무엇보다 본인의 마음가짐도 중요하지만 사회 전반적인 분위기와 주변 환경도 커다란 영향을 끼친다. 본인이 아무리 청렴결백하려 해도 주변 인물들, 특히 친인척과 측근들이 도와주지 않으면 말짱 도루묵이다. 우리는 역대 정권들하에서 이런 예를 너무나 많이 보아 왔기 때문에 굳이 설명이 필요 없을 것이다.

창고지기라고 하면 분명 말단 관리요, 한직임에 틀림없다. 그럼에도 이런 시의 주인공이 되었다는 점, 푸른 강물을 닮은 주인의 마음이라는 표현, 착한 아전이라는 직설적인 어휘들이 곽사창의 인물됨을 잘 알 수 있게 해주는 것들이다.

다시 한 번 느끼게 되는 사실이지만, 그것도 아주 평범한 역사적 진리지만 그 사람을 평가하고, 따르고, 칭송하는 것은 그 사람의 권력과 힘과 겉으로 드러난 능력이 아니라 마음 씀씀이요, 언행이요, 진솔한 대인관계라고 할 수 있다.

우리 선조들 가운데도 이런 청백리가 꽤 있다. 황희 정승도 그렇고, 백결 선생도 그렇고, 남산골 딸깍발이가 그렇다. 그렇기에 '청백리 똥구멍은 송곳부리 같다'는 속담도 있지 않은가. 부연할 필요도 없지만 청백리는 꼭 관리들한테만 국한되는 것은 절대 아니다. 예술가면 어떻고, 상인이면 어떻고, 역관이면 또 어떤가. 그래서 청백리를 청백인으로 바꿔야 할지도 모르겠다.

【註】
1) 郭司倉(곽사창): 郭은 姓, 司倉은 창고지기.
2) 映門(영문): 문에 비치다. 反映.
3) 淮水(회수): 河南省 桐柏山에서 발원해서 安徽省·江蘇省을 거쳐 黃河로 흘러들어가는 강.
4) 綠(녹): 푸른 빛, 푸른 나무 그림자가 비친 물빛. 綠水.
5) 留騎(유기): 말을 붙잡다, 머무르게 하다.
6) 主人心(주인심): 푸른 강물빛처럼 내 마음도 변치 않겠다는 뜻이다. 거기다 마지막 구에서 밤마다 깊어만 간다고 하지 않았는가.
7) 良掾(양연): 좋은 아전, 양심적인 아전. '掾'은 아전, 하급 관리.
8) 春潮(춘조): 본래는 봄 조수로 풀어야 하나 이 詩에서는 바다로 흘러들어가는 강물 정도로 풀어도 된다. 어차피 바다와 연한 河口에서는 밀물 때 조수가 깊어만 간다.

> 淮水與友人別
> 鄭谷
>
> 揚子江頭楊柳春
> 楊花愁殺渡江人
> 數聲風笛離亭晚
> 君向瀟湘我向秦
>
> **회수에서 벗과 헤어지며**
> 정곡
>
> 양자강 언덕 버들가지 늘어진 봄날
> 흩날리는 버들가지는 강을 건너는 사람을 가슴 아프게 한다
> 바람결에 피리 소리 들리는 저물녘 정자에서
> 그대는 소상 지방으로, 나는 장안으로 가네

한시(漢詩)를 읽다 보면 버들가지, 강가의 정자, 절양류곡, 피리 소리 등이 자주 나온다. 이런 표현들이 자주 나오는 대목은 꼭 이별하는 장면이다. 또 헤어지는 대상은 얼마나 다양한가. 친구일 수도 있고, 연인일 수도 있고, 부부간일 수도 있다.

문헌을 보면 중국 사람들은 헤어질 때 강가에서 많이 헤어진 모양이다. 워낙에 중국이라는 나라가 양자강과 황하, 그리고 숱하게

많은 강과 호수로 이루어진 나라라 그런 모양이다. 한편으로는 육로로 빙 돌아가는 것보다는 강을 타고 오르내리는 것이 훨씬 수월했을 것이다. 우리도 예전에는 남한강, 대동강, 금강, 섬진강 줄기를 이용해서 각지의 특산물을 옮기기도 하고, 사람을 비롯해서 가축들을 운반하는 수단으로 활용하지 않았던가.

강에서 헤어지는 장면에 많이 나오는 것이 버들가지와 절양류곡이다. 강가에는 어차피 버드나무가 많이 피어 있고, 사람들은 헤어질 때 버들가지를 꺾어서 둥그런 반지 모양으로 만들어서 이별의 정표로 나누었던 모양이다. 고리 '환(環)' 자가 돌아올 '환(還)' 자와 운이 같아서 그렇게 했다는 설이 유력하다. 얼마나 이별의 아픔이 컸으면 다시 돌아오라는 '환(還)'을 버들가지 반지 '환(環)'에다 차용했을까. 그래서 생긴 곡조가 버들가지를 꺾는다는 〈절양유곡(折楊柳曲)〉이다. 이 가락을 피리로 불면 듣는 이로 하여금 그렇게 애절한 심사를 갖게 한다고 한다. 요즘 사람들이야 잠시 헤어질 때 다이아몬드 반지를 나누어 껴도 금세 등을 돌리는 세상이 아닌가. 예전이 부러울 때는 바로 이럴 때다.

【註】
1) 淮水(회수): 양자강. 양자강은 금릉(지금의 남경)의 시외에서 두 줄기로 分流되어—秦水와 淮水—한 줄기는 城內로 들어오고, 다른 한 줄기는 성 밖을 돌아 함께 하나의 섬(白鷺洲)을 끼고 秦淮水는 다시 합쳐져 양자강으로 들어간다. 그래서 여기 나오는 '회수'는 앞의 시 「送郭司倉」에 나오는 '회수'와는 다르다. 李白의 시 「登金陵鳳凰臺」참조.
2) 頭(두): 꼭대기, 최상부의 뜻이나 여기서는 강 언덕 정도로 풀이하는 것이 무난할 듯.
3) 楊柳(양류): 버들, 버드나무. '楊'은 갯버들, '柳'는 수양버들.
4) 愁殺(수살): 슬프게 하다, 몹시 슬프게 하다. '殺'은 어세를 강하게 하는 조사. 의미는 없음.
5) 渡江人(도강인): 강을 건너는 사람들, 헤어지는 사람들, 정든 이를 두고 가는 사람들.
6) 數聲(수성): ~소리를 헤아리다, 생각하다, 세다.
7) 風笛(풍적): 바람결에 들리는 피리 소리, 바람이 실어다 준 피리 소리. 이 詩에서는 그 당시 이별할 때 많이 불렀던 〈折楊柳曲〉을 의미한다.
8) 離亭(이정): 나루터에 있는 정자. 헤어지는 곳. 지금의 대합실이라고나 할까.
9) 瀟湘(소상): 瀟水와 湘水 지역. 지금의 湖南省 일대.
10) 秦(진): 당시 수도였던 長安을 뜻한다.

> 送別
> 王維
>
> 山中相送罷
> 日暮掩柴扉
> 春草明年綠
> 王孫歸不歸
>
> 그대를 보내며
> 왕유
>
> 산중에서 그대를 보내고 나서
> 날이 저물어 사립문을 닫았네
> 봄풀 내년에 푸르러지면
> 그대 오시려나 안 오시려나

역시 옛사람들은 풍취가 있고 격조가 있다. 굳이 왕손도 아닌데 헤어지는 벗을 왕손이라고 대접하는 것이야말로 그 얼마나 요즘 사람들이 따라 하기 힘든 일인가. 본인이 대접을 받고 싶으면 다른 것 다 필요 없이 남을 대접해 주면 된다. 영어 속담에도 'Give and Take'라는 말이 있지 않은가. 인생에는 절대 공짜가 없는 법이다. 다 주는 대로 받는 법이다. 다 그런 것은 절대 아니지만 자식한테 잘 하는 부모는 나중에 효도를 받는 법이고, 이웃한테 잘 하는 사람은 돌떡이라도 얻어먹는 법이고, 친구한테 진심으로 대하는 사람은 또 그렇게 우정을 지키는 법이고, 남한테 피눈물 흘리게 하는 사람은 언젠가 그 자신도 피눈물이 나는 법이다.

사람이 살다 보면 직장도 옮기게 되고, 이사도 가고, 누군가와도 헤어지게 된다. 그럴 경우 그 사람을 송별하는 자리를 보면 그 사람의 인격을 알게 되고, 그 사람의 처신을 알게 된다. 열 명이 오면 그만큼 남을 위해서 일한 것이 되고, 스무 명이 오면 또 그만큼 대인관계를 했다는 뜻이 된다. 자신을 위해서 마련하는 송별회 자리에 고작해야 두세 명밖에 오지 않았다면, 오지 않은 남들을 탓할 것이 아니라 그렇게 만든 자신을 탓해야 할 것이다.

그래서 나는 이런 시를 쓴 왕유라는 시인도 좋아하지만 이런 시를 쓰지 않고는 못 배기게 만든 익명의 친구가 더 좋다. 그리고 그 두 사람의 우정이 눈물나게 부럽다.

【註】
1) 罷(파): 파하다, 마치다.
2) 掩(엄): 가리다, 덮다, 닫다.
3) 柴扉(시비): 사립문.
4) 王孫(왕손): 본래는 왕족이나 귀족의 자제를 가리키는 말이나, 이 시에서는 헤어진 벗을 뜻한다.

臨高臺
王維

相送臨高臺
川原杳何極
日暮飛鳥還
行人去不息

높은 누대에 올라
왕유

그대를 전송하려고 높은 대에 올랐더니
넓은 벌판은 아득해서 끝이 없네
해는 저물어 새들은 둥지로 돌아오는데
나그네는 쉬지 않고 가기만 하네

'일모조비환(日暮鳥飛還) : 해는 저물어 새들은 날아서 돌아오다'. 이 얼마나 멋들어진 표현인가. 따지고 보면 평범한 표현 중에 진리가 들어 있고, 평범함 가운데 비범함이 숨어 있는 법이다. 해가 저물면 먹이를 구하러 나갔던 새들이 다 둥지로 돌아오기 마련이다. 물론 개중에 재수 없는 놈들은 수리나 매 같은 맹금류에 잡혀 먹히기도 하고, 무엇보다 사람들이 놓은 덫이나 화살에 맞아 다시는 둥지로 돌아오지 못하는 녀석들도 꽤 있겠지만 그래도 대다수는 무사히 둥지로 돌아온다.

예전에는 저녁 아홉 시만 되면 서울시 교육감이 방송을 통해 '청소년 여러분, 이제는 집으로 돌아가야 할 시간입니다'로 시작해서 학생들을 집으로 돌려 보내기 위한 계도방송이 있었다. 그런 방송이 있고, 통금이 있었어도 애나 어른이나 밖으로 떠도는 사람들은 집으로 돌아오지 않았다.

사정이 그러했을진대 지금은 더욱 딱하다. 통금도 없어졌고, 술집도 영업시간 제한이 없어졌으니 남녀노소 불문하고 '너도 나도', '부어라 마셔라'로 일관하는 사람들이 어지간하다. 물론 선량한 사람들이야 통금이 있건 없건, 술집이 흥청망청하건 꼬박꼬박 집에 일찍 들어가서 식구들과 오붓하고 즐거운 시간을 보낸다.

이젠 우리도 어느 정도 살 만하게 되었으니 먹고 마시는 향락에서 그만 벗어나 좀더 유익하고, 생산적인 일에 매달릴 때가 아닌가 싶다.

'해 저물면 새들은 둥지로 돌아온다'. 이 얼마나 소비지향적인 곳으로만 미친 듯이 치닫는 인간들이 듣고, 실천해야 할 말인가. 우리도 후손한테 '해 저물면 선조들은 집으로 일찍 돌아갔다'는 괜찮은 아포리즘이라도 최소한 남겨 줘야 하지 않을까.

하긴 모두가 일찍 귀가하면 술집은 다 망하고, 그러면 국가 경제도 파탄날지 모를 일이다. 마실 사람은 마시고, 놀 사람은 놀고, 책 볼 사람은 책 보는 것이 순리 아닌가.

【註】
1) 相(상): 상대방을 높인 말. 相公. 相君.
2) 川原(천원): 강물이 흐르는 벌판. 강물과 벌판.
3) 杳何極(묘하극): 아득해서 어찌 끝이 있겠는가. 하도 아득해서 끝이 없다. '何'에는 反語의 뜻이 있다.
4) 行人(행인): 나그네. 여행 다니는 사람.

送沈子福之江南
王維

楊柳渡頭行路稀
罟師盪槳向臨圻
惟有相思似春色
江南江北送君歸

심자복을 강남으로 떠나 보내며
왕유

버들가지 늘어진 나루터에 사람 발길 드문데
사공은 노를 저어 강 건너 기슭으로 가네
봄빛과도 같이 오직 그대 그리는 마음에서
강남이든 강북이든 돌아가는 그대를 배웅하리

떠나가는 배

나 두 야 간다

나의 이 젊은 나이를

눈물로야 보낼 거냐

나 두 야 가련다

아늑한 이 항구—ㄴ들 손쉽게야 버릴 거냐

안개같이 물 어린 눈에도 비치나니

골짜기마다 발에 익은 뫼부리 모양

주름살도 눈에 익은 아— 사랑하던 사람들

버리고 가는 이도 못 잊는 마음

쫓겨 가는 마음인들 무어 다를 거냐

돌아다보는 구름에는 바람이 희살짓는다

나 두 야 가련다

나의 이 젊은 나이를

눈물로야 보낼 거냐

나 두 야 간다

   1930년대 일제하에서 김영랑, 정지용 등과 우리의 시문학을 주도했던 용아 박용철의 시다. 절망과 허무의 식을 표상하고 있는 이 시는 1970년대 군사독재정권 아래서 신음하고 있던 젊은이들의 심정과도 흡사해서 많이들 외우고 다녔다.

이백(李白)의 「왕소군(王昭君)」이란 시에 다음과 같은 구절이 있다. '춘래불사춘(胡地無花草 春來不似春: 오랑캐 땅인들 화초가 없으랴만 봄이 와도 봄 같지가 않구나)'. 한(漢)나라 원제(元帝) 때의 후궁 왕소군은 절세의 미녀였다. 그 당시 한나라는 북방에 있는 흉노 때문에 골머리를 앓았는데 호한야 선우(왕)가 자신의 왕비로 삼는다고 후궁을 한 명 달라고 하자 조정에서는 화공 모연수를 시켜 모든 후궁들의 화상을 그리도록 하였다. 그 중에서 제일 못생긴 후궁을 흉노에게 보내려는 생각에서였다. 다른 후궁들은 그 화공에게 뇌물을 주고 예쁘게 그려 달라고 하였지만 도도한 왕소군은 뇌물을 건네지 않았다. 당연하게도 심사 결과 제일 못생기게 그려진 왕소군이 흉노의 왕비감으로 보내지게 되었다. 그런데 막상 왕소군이 오랑캐 땅으로 떠나려는 즈음 왕이 그녀를 보니 여러 후궁들 중 제일 가는 미인이었다. 하지만 일단 결정된 일이라 돌이킬 수가 없었다. 그녀가 화공에게 뇌물을 주지 않아 추하게 그려진 사정을 안 원제는 대노하여 모연수를 죽여 버렸다. 마침내 그녀는 쓸쓸히 흉노 땅에 들어가 마음에도 없는 오랑캐의 왕비가 되었다. 후세 시인들은 이 왕소군을 주제로 그 애절한 사연을 시에 담아 많은 사람들의 심금을 울려 주었다.

이 '춘래불사춘(春來不似春)' 구절은 1980년 봄 당시, 모 정치가

가 군부의 서슬 퍼런 위세를 빗대어 얘기해서 많은 사람들의 관심을 모았던 사연 많은 구절이기도 하다. '불사(不似)' 한 것이 어디 봄뿐인가. 우리 나라는 정치, 경제, 사회, 문화에서부터 사람과 자연에 이르기까지 모든 것들이 '같지 않다'. 총체적인, 구조적인 '불사(不似)' 다.

훗날 왕소군이 죽어 흉노의 땅에 묻혔는데, 겨울이 되어 흉노 땅의 풀이 모두 시들었어도 그녀 무덤가의 풀만은 늘 푸르렀다 하여 그 무덤을 '청총(青塚)' 이라 하였다고 전해진다.

【註】
1) 沈子福(심자복): 왕유의 知人으로 生沒年代 未詳.
2) 江南(강남): 양자강 남쪽 지방.
3) 楊柳(양류): 버드나무.
4) 渡頭(도두): 나루터, 선착장.
5) 稀(희): 드물다, 적다. 人生七十 古來稀, 요즘이야 칠십이면 한창 나이지만.
6) 罟師(고사): 뱃사공.
7) 盪槳(탕장): 노를 젓다.
8) 臨圻(임기): '圻' 는 가장자리, 끝, 기슭. '臨' 은 임하다, 미치다, 다다르다. 곧 강 건너 기슭을 말함.
9) 惟(유): 오직, 오로지.
10) 似(사): 같은, 닮은, 비슷한. 似而非. 恰似. 春來不似春.

> 留別崔興宗
> 王維
>
> 駐馬欲分襟
> 淸寒御溝上
> 前山景氣佳
> 獨往還惆悵
>
> **최흥종을 남겨 두고 떠나며**
> 왕유
>
> 말을 세우고 고별하려 하니
> 대궐 밖 날씨가 맑고도 차다
> 앞산 경치는 오늘따라 아름답건만
> 혼자 떠남이 오히려 더욱 애달프고나.

헤어짐을 이르는 말도 참으로 다양하다. 제일 흔한 표현이 이별(離別)과 별리(別離), 작별(作別) 등이고 기약 없는 작별이 결별(訣別), 작별을 고하는 고별(告別), 소매를 나눔 곧 섭섭하게 작별하는 몌별(袂別), 죽어서 이별이 되는 사별(死別), 서로 헤어지기를 애틋하게 여기는 석별(惜別), 사람을 이별하여 보내는 송별(送別), 떠나는 사람에게 잔치를 베풀어 작별하는 전별(餞別), 친한 사이의 정표로 시(詩) 등을 지어 주고 떠나 보내는 증별(贈別) 등이 있다.

한편으로는 '별(別)'자가 들어가는 낱말을 보면 뜻밖의 사고를 뜻하는 별고(別故), 작별한 이래를 말하는 별래(別來), 이별하는 길인 별로(別路), 이별의 눈물인 별루(別淚), 이별할 때 서로 나누는 술잔이 별배(別杯), 이별의 노래가 별부(別賦), 헤어질 때의 인사인 별사(別辭), 헤어질 때의 슬픈 심정을 뜻하는 별서(別緖), 세상을 떠나는 별세(別世), 이별의 슬픔이 별수(別愁), 서로 헤어질 때가 별시(別時), 헤어질 때의 슬픈 얼굴이 별안(別顔), 이별의 술자리가 별연(別宴), 헤어질 때의 슬퍼하는 마음이 별의(別意), 이별의 정을 나타낸 시문이 별장(別章), 이별의 정이 별정(別情), 이별의 술이 별주(別酒), 이별할 때의 애달픈 마음이 별한(別恨), 헤어질 때의 슬픈 마음이 별혼(別魂), 헤어진 뒤가 별후(別後) 등으로 수없이 많다.

동서고금을 막론하고 모든 헤어짐이 다 가슴 아프겠지만 참척(慘慽: 아들딸이나 손자 손녀가 먼저 죽는 것)을 보는 것이 가장 마음 아프지 않을까 싶다. 그저 자식이 효도하는 것 중의 제일 으뜸이 건강하게 부모보다 오래 살아남는 것이다.

【註】
1) 留別(유별): 떠나는 사람이 남아 있는 사람에게 작별함. ↔ 송별.
2) 駐馬(주마): 말을 세우다, 말이 머물러 서다.
3) 欲(욕): ~하고자 하다, 하려 하다.
4) 分襟(분금): 옷깃을 나누다, 헤어지다. '襟'은 '옷깃'.
5) 淸寒(청한): 맑고도 차다.
6) 御溝(어구): 대궐에서 흘러나오는 개천, 대궐 주위에 둘러 판 못(垓字: 해자).
7) 景氣佳(경기가): 경치가 아름답다.
8) 獨往(독왕): 혼자 떠남. ↔ 獨來.
9) 還(환): 도리어, 오히려, 반대로.
10) 惆悵(추창): 실망하는 모양, 개탄하며 슬퍼하는 모양.

> 欹湖
> 王維
>
> 吹簫臨極浦
> 日暮送夫君
> 湖上一廻首
> 山靑卷白雲
>
> 호수에서
> 왕유
>
> 퉁소를 불며 멀리 포구에 와서
> 해 저문 날에 그대를 보내 놓고
> 호수 위에서 머리를 한 번 돌렸더니
> 어느새 푸른 산이 흰 구름을 감싸 버렸구나

퉁소는 당악기(唐樂器)에 속하는 피리의 일종으로 애잔한 소리를 낸다. 우리는 클라리넷, 플루트, 트럼펫, 트럼본, 피콜로는 좀 알아도 대금, 단소, 퉁소, 태평소는 잘 모른다. 지방에서 학교를 다니거나 생활한 사람들은 그래도 나은 편인데 도회지에서 큰 사람들은 영 젬병이다. 그건 우리들 탓도 있지만 일선 교사, 문교 정책자들, 서양 것이라면 맹목적으로 숭배하는 사회 통념 등의 탓이 훨씬 더 크다. 예를 들어 아는 집에 갔을 때 '우리 애

피아노 치는 거 한번 보시겠어요?', '우리 애 바이올린 켜는 거 한 번 들어보시겠어요?' 하는 부모는 많아도 '우리 애 장구치는 거 한 번 구경하실래요?' 하는 부모는 거의 없다. 설사 국악을 전공하더라도 손님이 오면 절대 못 하게 하는 것이 불과 얼마 전까지의 우리의 서글픈 현실이었다.

사정이 조금 나아진 것은 순전히 김덕수 사물놀이패 덕분이었다. 국내뿐 아니라 해외에서까지 왕성한 연주활동으로 이제는 일반인들도 사물에서부터 국악기 전반에 걸쳐 관심들이 늘어났다. 학교에서도 국악기 연주를 가르치는 곳이 늘어난 것은 반가운 현상이다. 하지만 10년, 20년 뒤 나이 드신 분들이 다 돌아가시면 시골에서도 누가 징과 북과 장고와 꽹과리를 칠 것인가.

삼국시대를 전후해서 우리 나라에서 만들어져 전해 오는 악기는 고유 악기와 중국을 비롯해서 서역 등지로부터 수입되어 온 외래 악기를 포함하여 60여 종에 이른다. 신라 때는 당나라, 고려 때는 송나라의 속악(俗樂)과 아악(雅樂)이 수입되면서 중국의 악기가 대량으로 들어왔다.

일반적으로 연주 방법에 따라 줄을 퉁겨서 소리를 내는 현(絃)악기, 관을 통하여 음을 연주하는 관(管)악기, 그리고 물체를 두드리거나 쳐서 소리를 내는 타(打)악기로 구분할 수 있다.

현악기로는 거문고, 가야금, 아쟁, 해금, 비파 등이 있다.

관악기는 피리, 태평소, 나발, 대금, 단소, 퉁소 등이 있다.

타악기는 편종, 편경, 노도, 운라, 용고, 절고, 좌고, 장고, 축, 자바라, 꽹과리, 박, 대금, 징 등이 있다.

집집마다 기타, 피아노, 실로폰 등의 양악기가 한두 가지 있듯이 우리 국악기도 한두 가지씩 들여다 놓으면 얼마나 좋을까.

【註】
1) 敎湖(의호): 호수 이름.
2) 吹筩(취통): 퉁소를 불다. '筩'은 '대통'. 洞簫(통소→퉁소), 參差(참치)라고도 한다.
3) 極浦(극포): 먼 개(강이나 내에 조수가 드나드는 곳), 포구, 물가. '極'은 '멀다'의 뜻.
4) 夫君(부군): 본래는 남편의 존칭이나 이 詩에서는 나그네의 뜻.
5) 一廻首(일회수): 머리를 한 번 돌리다. 廻轉.
6) 卷(권): 말다, 접다, 감싸다. 해가 저물어 구름이 산 속이나 산봉우리 뒤로 사라지는 것을 이렇게 표현한 것이다.

> 送元二使之安西
> 王維
>
> 渭城朝雨浥輕塵
> 客舍靑靑柳色新
> 勸君更進一杯酒
> 西出陽關無故人
>
> 원이를 안서로 떠나 보내며
> 왕유
>
> 위성에 내리는 아침 비가 가벼운 먼지를 적시니
> 여관의 버드나무 파릇파릇 새로워라
> 그대에게 다시 한 잔 권하네
> 서쪽으로 양관을 나서면 아는 사람 없을 테니

'여관의 버드나무 파릇파릇 새로워라', 이 얼마나 오랜만에 들어 보는 상큼한 소리인가. 예전에 오가는 객들이 그다지 많지 않았을 때는 여관의 수효도 적었다. 그래서 규모는 작았지만 오가는 정이 있었다. 방은 늘 깨끗했고, 원하면 식사도 할 수 있었고, 방문을 열면 정원이 있어서 나그네의 마음을 위로해 줄 수 있었다. 객지에 있는 또 하나의 집, 자기네 집을 멀리 옮겨 놓은 것에 지나지 않았다. 그래서 잠도 푹 잘 수 있었고, 하고자 하는 일도 잘 할 수 있었다.

그런데 요즘은 어떤가. 규모는 커지고 시설은 좋아졌는지 몰라도 청소 상태도 그렇고, 손님 대하는 태도도 그렇고 영 글러먹었다. 하기야 요즘 여관이 어디 여관인가. 러브호텔, 불륜의 장소, 낮에 데이트하는 장소, 하룻밤 머무는 곳이 아니라 잠깐 들어갔다 나오는 장소로 변한 지 오래다. 해서 길게 머문다고 하면 구박받기 일쑤고, 짧으면 짧을수록 대환영이다.

그래서 지방에 출장을 갈 때 제일 애를 먹는 것이 여관 알아보기다. 여유가 있다면야 호텔에서 묵으면 좋겠지만 어느 회사나 출장비라는 것이 차비에, 숙박비에, 식비를 제하고 나면 빠듯한 실정이라 기껏해야 장급 여관에 들면 다행이다.

신경림의 『민요기행』에 보면 어느 섬엔가 민요 채집 갔다가 여관에 들었는데 이불은 언제 빨았는지 모를 정도고, 벽지도 낡고, 청소 상태도 엉망이었지만 몇 잔 술에 눈 딱 감고 이불 푹 뒤집어쓰고 잠들었다는 얘기가 있다. 오래 전 얘기지만 아직도 우리 여관 수준은 이 정도를 크게 벗어나지 않는다.

지금이야 바퀴벌레 기어다니는 여관이야 별로 없지만 지저분한 슬리퍼, 불결한 화장실, 얼룩진 이부자리, 때가 잔득 낀 빗, 더운물도 잘 안 나오는 세면대 사정은 여전하다. 아시안 게임, 서울올림픽을 치르고 월드컵도 잘 치러낸 우리지만 아직도 숙박문화는 저급하다. 장삿속에 눈이 어두워 갈수록 더 형편없다. 차라리 예전의 여관이, 그 훈훈했던 정이 그립다.

【註】
1) 元二(원이): 사람 이름. '二'는 배항.
2) 使(사): 사신 또는 조정에서 파견되어 지방 사무를 보는 벼슬아치(절도사·관찰사·안찰사 등)을 뜻한다. 여기서는 後者로 '부임하는' 정도로 푸는 것이 좋다.
3) 安西(안서): 唐代 交河城에 있던 都護府로서 지금의 甘肅省 吐魯蕃縣에 있음.
4) 渭城(위성): 陝西省 咸陽의 동쪽에 있다.
5) 浥(읍): 젖다, 적시다.
6) 輕塵(경진): 가벼운 티끌, 작은 먼지.
7) 靑靑(청청): 싱싱하게 푸른 모양, 무성한 모양.
8) 柳色新(유색신): 더욱 푸릇푸릇해지다. 버들빛이 더욱 새로워지다.
9) 更進(갱진): 잔을 다시 권하다, 다시 올리다.
10) 陽關(양관): 甘肅省 燉煌縣에 있으며, 玉門關 남쪽에 있으므로 陽關이라 함.
11) 無故人(무고인): 아는 사람이 없다, 친구가 없다.

> 送李侍朗赴常州
> 賈至
>
> 雪晴雲散北風寒
> 楚水吳山道路難
> 今日送君須盡醉
> 明朝相憶路漫漫
>
> 상주로 떠나는 이시랑을 보내며
> 가지
>
> 눈 그치고 구름 흩어지니 겨울 바람 더 찬데
> 초와 오 지방의 산수 험해 갈 길 만만치 않네
> 오늘 그대 보내니 모름지기 잔뜩 취하시게
> 내일 아침이면 서로 그리워해도 길만 멀고 아득하리니

당대(唐代)의 정치제도는 수대(隋代)의 기초 위에 조정을 가하여 이루어졌다. 중앙 최고기구로는 중서(中書)·문하(門下)·상서(尙書)의 삼성(三省)을 설치하여 황제가 전국의 정무를 관장하는 데에 협조하였다. 삼성은 각각 분담 업무가 있었는데 중서성은 주로 황제 조칙의 기안을 담당하였다. 장관은 중서령(中書令)이고 그 밑에는 중서시랑(中書侍郎), 중서사인(中書舍人) 등의 관원이 있었다. 문하성은 중서성이 기안한 정령

(政令)에 대한 심의를 담당하였는데, 기안된 조칙에 타당치 못한 점이 발견되면 봉박(封駁: 잘못된 조칙을 돌려 보내고 반박 의견을 말함)을 행하여 중서성으로 돌려 보냈다.

장관은 시중(侍中)이고 그 밑에는 문하시랑(門下侍郎), 급사중(給事中) 등이 있었다. 상서성은 정령의 시행을 담당하였는데 이는 정무 관리기구의 핵심이었다. 장관은 상서령(尚書令)이었다. 당 초기에는 3성의 장관이 모두 재상이 되었다. 그러나 태종조 이후부터 상서령을 두지 않게 되자 사실상 좌(左)·우(右) 복야(僕射)가 권한을 대행하게 되었는데, 고종 이후로는 좌·우 복야라고 해도 중서문하의 직함을 갖지 않으면 재상으로 임명되지 못하였으므로 중서문하의 장관이라야 비로소 진정한 재상이라고 할 수 있었다.

상서성은 최고 행정 집행기구였다. 중앙으로부터 지방에 이르는 모든 사무가 이곳에서 총괄되었으므로 직책이 과중하고 사무가 번잡하고 그 기구가 방대하였으며, 여러 속관도 두고 있었다. 상서성의 밑에는 다양한 직무에 따라 이(吏)·호(戶)·예(禮)·병(兵)·형(刑)·공(工)의 육부(六部)가 설치되어 있었는데, 각 부에는 상서(尚書)가 있었고 시랑(侍郎)은 차관으로서 부의 정무를 분담하였다. 또한 부의 밑에는 각기 사사(四司)를 설치하여 총 24사가 있었다. 1사에는 각각 낭중(郎中)·원외랑(員外郎)을 두어 구체적인 사무를 분담케 하였다. 성내(省內) 사무 관리의 편리를 위하여 상서성에는 또한 좌(左)·우(右) 승(丞)을 두었는데, 좌승은 이·호·예 3부를 담당하고 우승은 병·형·공을 분담하여 상서·시랑과 함께 부속 관리를 감독하였다.

【註】
1) 李侍郞(이시랑): 生涯 未詳. 시랑은 6부의 上書 밑에 있는 관직.
2) 赴(부): 다다르다. 향하다. 赴任.
3) 常州(상주): 지금의 江蘇省 常州市.
4) 晴(청): 날이 맑다. 눈이나 비가 그치다.
5) 楚水吳山(초수오산): 초와 오 지방의 물과 산. 곧 자연환경. 이시랑이 지나치게 될 길과 주변 환경을 말함.
6) 須(수): 모름지기, 반드시. 영어의 Should와 같은 의미.
7) 盡醉(진취): 무진장 취하다, 한껏 취하다.
8) 相(상): 서로. 相互. 相談.
9) 漫漫(만만): 멀고 아득한 모양, 물이 넓게 흐르는 모양.

> 別董大
> 高適
>
> 千里黃雲白日曛
> 北風吹雁雪紛紛
> 莫愁前路無知己
> 天下誰人不識君
>
> 동대와 헤어지며
> 고적
>
> 천릿길 누런 구름 가득하고 해마저 기우는데
> 북풍은 기러기떼 날려 보내고 눈발이 어지럽게 흩날리네
> 가는 길에 친구가 없음을 걱정하지 말지니
> 천하에 그대를 모를 사람이 누가 있겠는가

　　　　얼마 전에 제주도에 다녀온 적이 있었다. 제주도는 나하고 참 인연이 많은 섬이다. 대학교 2학년 때니까 1970년대 후반이었나 보다. 여름방학 때 길어야 3박 4일 여정으로 떠났다가 태풍을 만나는 바람에 계획에 차질이 생겨서 보름도 넘게 머물면서 온갖 고생을 다했다. 한 십 년 뒤에 신혼 여행을 다녀온 적이 있고, 또 한 십 년 뒤에 몇 가족이 모여 다녀온 적이 있다. 그때까지는 말 그대로 10년 주기로 다녀왔는데 그 뒤로는 이런저런

연유로 해서 자주 다녀오게 되었다. 그랬는데도 한라산에 한 번 오른 적이 없고, 마라도에도 다녀온 적이 없었다. 그런데 이번에는 2박 3일로 다녀왔는데도 한라산도 갔다오고, 마라도에도 다녀오는 행운을 누렸다.

첫날 한라산을 올라갔다 오는데 일기가 불순해서 고생이 심했다. 우박을 동반한 눈발이 날리는데 한 걸음 내딛기가 힘들 지경이었다. 입산이 허락되는 1,700m 고지를 오르는 데도 이렇게 힘이 드니 히말라야를 등반하는 사람들은 어떠랴 싶었다. 역시 등반은 아무나 하는 것이 아니었다. 한편으로는 한라산 등반을 우습게 생각한 내 자신의 경솔함을 자책하는 계기도 되었다.

다음날 오후 마라도를 다녀왔다. 배로는 왕복 1시간이 걸렸고, 마라도에서는 2시간 정도의 여유가 주어졌다. 시시각각 변하는 날씨 덕분에 그 일대의 경관을 여러 각도로 구경할 수 있었다. 그 중에서도 장관은 지는 해가 언뜻언뜻 구름 사이로 보이는 것이었다. 해가 보이는 것이 아니라 햇빛이 구름 사이로, 구름을 뚫고 파도가 넘실대는 바다에 뿌려지는 광경이 볼 만했다. 해와 구름과 바다가 자유자재로 다양한 모습들을 연출하고 있었다.

돌아오는 뱃머리에서 바라보는 마라도는 점점 작아지고 있었고, 점점 불순해지는 날씨에 구름이 누렇게 물들고 있었다. 누런 구름이 마라도 대신 우리를 배웅하고 있었다.

【註】
1) 董大(동대): 동대는 당시 유명한 音樂家였던 董庭蘭을 가리킨다. 吏部尙書 房琯의 門客 노릇을 하였고 知人들이 많았다. '大'는 배항으로 제일 맏이라는 뜻.
2) 千里(천리): 앞으로 동대가 가야 할 머나먼 길.
3) 黃雲(황운): 해질녘이라 구름이 누렇게 될 수도 있겠지만, 그보다는 눈보라가 휘날리는 不純한 日氣를 나타낸다. 좋지 않은 날씨에 먼길 떠나는 벗을 걱정하고, 그 때문에 작자의 마음은 더욱 스산해지고…….
4) 白日(백일): 해.
5) 曛(훈): 어두워지다, 땅거미가 지다. 曛日.
6) 吹雁(취안): (바람이) 기러기를 불다, 기러기가 바람에 날리다.
7) 紛紛(분분): 눈이 어지럽게 흩날리는 모습.
8) 莫(막): ~하지 말라.
9) 前路(전로): 앞으로 가는 길. 前途.
10) 無知己(무지기): 자신을 알아주는 사람이 없음. 知己는 자기의 속마음을 알뜰하게 알아주는 사람을 뜻한다.
11) 君(군): 그대, 당신.

> 九日送別
> 王之渙
>
> 薊庭蕭瑟故人稀
> 何處登高且送歸
> 今日暫同芳菊酒
> 明朝應作斷蓬飛
>
> **중양절에 헤어지며**
> 왕지환
>
> 계정의 가을 스산하여 친구도 드무니
> 어디서 산에 오르며 또 가는 사람 보낼까
> 오늘 잠시 향기 좋은 국화주나 같이 마시세
> 내일 아침이면 또다시 정처 없이 떠나가리니

자료에 의하면 우리 나라에서도 중양절을 즐겼던 모양이다. 중국처럼 등고(登高)놀이를 하지는 않았지만 단풍으로 가득한 가을 동산에 마을 사람들이 모여 술도 마시고 놀이도 즐겼다. 가을 들녘에 소담하게 핀 국화를 거두어다가 화전(花煎)을 부쳐서는 국화주를 들고 가을 산에 올라 '풍즐거풍(風櫛擧風)'을 했다. '풍즐'은 상투를 풀어 모처럼 시원한 산바람에 머리를 날리는 것이고, '거풍'은 바지를 벗고 몸을 태양에 노출시키는 것이니,

소위 일광욕이다. 풍즐거풍은 몸 밖의 음기를, 국화주는 몸 안의 음기를 몰아내는 역할을 했던 것이다.

다산(茶山) 정약용(丁若鏞)은 일찍이 '차(茶)를 마시는 민족은 흥하고, 술을 즐기는 민족은 망한다'고 했지만 적당히 마시는 술은 몸에도 좋고, 가정에도 좋고, 나라에도 좋다는 것이 내 생각이다.

예로부터 우리 나라에는 막걸리말고도 지방마다 나름대로의 민속주가 있었다. 서울의 문배주, 한산의 소곡주, 안동의 안동소주, 제주의 고소리술, 경주의 교동법주, 진도의 홍주, 함양의 국화주, 전주의 이강주, 풍천의 복분자주, 김천의 과하주 등 이루 헤아릴 수가 없다. 음식에 관한 문헌을 보니 각 지방의 술이 근 300여 가지나 됐다. 그렇게 많던 민속주를 일제시대 때 일본놈들이 강제로 맥을 끊어 놓았던 것이다. 해방과 전쟁을 거쳐 밥도 제대로 못 먹는 시대가 계속되었지만 그래도 이름 있는 민속주 몇 가지는 살려야 했다. 1980년대 중반을 지나 겨우 몇 군데 명맥을 유지하던 민속주를 '정식 민속주'로 지정했지만 너무 늦은 감이 없지 않다.

우선은 각 지방의 민속주들이 너무 비싸다. 일손도 없고 한정 생산하는 사정을 이해는 하지만 생산체계를 바꾸든지 해서 값을 내려야 한다. 다음으로는 우리가 그 동안 너무 막걸리, 소주, 맥주에 맛을 들여 민속주가 입맛에 맞지 않는다. 값도 비싸고 입에도 맞지 않으니까 사람들이 찾지 않는 것이다. 맛도 좀 개발을 하든 개량을 하든 술꾼들의 입맛에 맞게 고쳐 볼 일이다. 외국 사람들이 우리 나라에 와서 한국을 대표하는 술로 소주나 막걸리만을 알고 가서는 안 된다. 술도 음식이다. 음식이 다양해야 관광 유치도 제대로 된다. 우리 술을 살려야 한다.

【註】
1) 九日(구일): 음력 9월 9일. 重陽節. 9는 陽數인데 이것이 거듭되는 날이므로 이르는 말. 重九.
2) 薊庭(계정): 薊州 땅. '薊'는 지금의 河北省 薊縣, '庭'은 변경 지방을 뜻한다.
3) 蕭瑟(소슬): 쓸쓸한 모양, 가을 바람 소리.
4) 登高(등고): 중양절에 높은 곳에 올라 수유를 머리에 꽂고, 국화주를 마시며 액을 막는 풍습.
5) 且(차): 또, 또한.
6) 暫同(잠동): 잠시 같이하다, 잠깐 함께 하다.
7) 芳菊酒(방국주): 향기로운 국화주.
8) 應作(응작): 마땅히 ~하리, 응당 ~할 수밖에 없으리.
9) 斷蓬(단봉): 가을이 되면 쑥이 말라서 바람이 부는 대로 잘려져 이리저리 날려 다니는 것. 정처 없는 나그네의 신세를 비유함.

> 送別
> 王之渙
>
> 楊柳東風樹
> 靑靑夾御河
> 近來攀折苦
> 應爲別離多
>
> 헤어짐
> 왕지환
>
> 버드나무는 바로 동풍의 나무
> 파수가에 더욱 싱그럽게 푸르러라
> 근자에 마구 꺾이는 아픔
> 응당 이별이 많기 때문이리라

옛날 옛적 호랑이 담배 피던 시절에도 이별은 많았다. 그 당시야말로 약육강식의 시대라 먹을것 때문에 상대를 죽이고, 영토를 넓히기 위해 다른 부족이나 마을을 습격해서 자고 나면 싸움이요, 전쟁이었으니 툭하면 죽고, 피난 가고, 헤어지기 일쑤였다. 그래서 더러는 남자아이들을 살리기 위해 멀리 떠나 보내다 보면 언제 또다시 만날까 기약이 없어, 나중에 훌쩍 커 버린 다음에 만나게 되면 행여 알아보지 못할까 염려가 되어 이별의 정표 내지는 신표를 서로 나누어 가지곤 했다. 그럴 때 가장 많이 이용하던 것이 거울, 그릇, 칼, 나무토막 등이었다. 반을 뚝 잘라서 하나씩 보관하고 있다가 나중에 맞추어 보는 것으로 상대방을 알아봤던 것이다.

요즘이야 사진도 있고 편지도 있고, 또 달리 알아볼 방도가 많아서 사람 알아보는 것도 수월하고, 적성 국가나 전쟁터만 아니면 지구촌 어디라도 한걸음에 달려갈 수 있는 세상이 되었으니 이별의 아픔이 전보다야 못하지만 세상을 사는 데 있어 이별은 견디기 힘든 일 중의 하나가 아닐까 싶다.

마음만 먹으면 초등학교 친구나 선생님, 어릴 적 동네에서 같이 놀던 친구나 형·누나들을 쉽게 찾을 수 있는데도 선뜻 나서지 못하는 것은 너무 오랜 시간이 지나서, 희미한 기억 저편에 간직한 아련한 추억들이 행여 무너질까 싶어서, 너무 세속에 찌들어서 찾아봐야 별로 도움이 되지 않으리라는 생각에, 거기다 앞으로의 불확실한 관계 등으로 해서 썩 내키지 않기 때문일 것이다. 서로들 떨어져서 나름대로 잘 살고 있는데 그 어떤 계기로 다시 만나게 되었지만 서로간에, 집안간에 괜한 분란이 일어나는 경우도 있다. 사는 정도가 비슷하면 괜찮은데 한쪽이 기울거나 하면, 당사자들은 아무렇지도 않은데 옆에서 색안경을 쓰고 보거나 다른 식구들한테 그릇된

소문을 퍼뜨리는 사람들이 많다.

사노라면 만나서는 안 될 사람을 만나게 되는 경우도 있다. 근자에 인터넷 동창회 사이트에서 만나서 불행을 자초하는 사람들도 있고, 부적절한 모임이나 장소에서 만나서 화를 부르는 사람들도 있다. 영어 속담에 'Curiosity killed the cat'이란 말이 있다. 쓸데없는 호기심은 재앙을 낳는 법이다.

예전에 학창 시절 누구나 한번쯤은 펜팔을 해보았을 것이다. 그렇게 애절한 사연을 몇 번 주고받다가 만나서는 실망을 하고, 그 동안 모아 두었던 편지들을 다 찢는 친구들도 있었다.

이별도 슬픈 일이지만 잘못된 만남도 가슴 아픈 일이다.

【註】
1) 東風樹(동풍수): 동풍의 나무. 버드나무는 봄바람(동풍)이 불어야 피기 때문에 그러하다.
2) 夾御河(협어하): 長安으로 흘러드는 강. 灞水(파수). 장안 동쪽에 있는 파수에 놓은 다리가 바로 灞橋인데, 그 당시 사람들이 이별할 때 이 다리에 이르러 버들가지를 꺾어 송별의 뜻을 표하였다.
3) 靑靑(청청): 더더욱 푸르다. 싱싱하게 푸르다.
4) 攀折(반절): 더위잡아 꺾다. 달라붙어 분지르다. '攀'은 '더위잡다. 매달리다. 달라붙다' 등의 뜻.
5) 應爲(응위): 마땅히 ~하기 때문이다.

重送裴郎中貶吉州
劉長卿

猿啼客散暮江頭
人自傷心水自流
同作逐臣君更遠
青山萬里一孤舟

또다시 길주로 좌천되어 가는 배낭중을 보내며
유장경

원숭이 울고 전송 나온 사람들도 흩어진 해 저문 강가에서
사람은 사람대로 슬퍼하는데 물은 물대로 흘러가는구나
다 같이 버림받은 신하인데 그대는 더 멀리 가니
푸른 산과 나란히 하는 만 리 물길에 외로운 배 한 척 떠내려가네

중송(重送). 한 번 보내는 것도 가슴이 아프거늘 두 번씩이나 보내는 마음은 또 얼마나 쓰라릴 것인가. '무거울' 중(重)이 이렇게 '거듭' 중(重)이 되는 경우를 살펴보자. 당연하게도 좋은 것은 한없이 좋고, 나쁜 것은 또 한없이 나쁘다. 중도(重盜)는 야구 용어로 더블 스틸을 말하는 것이니 공격하는 쪽에서야 환호할 일이지만 수비측에서는 가슴을 칠 일이고, 중래(重來)는 한 번 지낸 벼슬에 거듭 임명되는 것이니 가문의 명예를 빛

내는 일이고, 중범(重犯)은 거듭 저지른 범죄니 당사자나 집안에서는 가슴 아픈 일이고, 중상(重喪)은 탈상하기 전에 부모상을 거듭 당하는 것이니 하늘에 대고 통탄할 일이고, 중생(重生)은 영적으로 다시 새 사람이 되는 것이니 축하할 일이고, 중신(重新) 역시 거듭 새로이 하는 것이니 좋은 것이고, 중임(重任)은 먼저 근무하던 지위에 거듭 임용하는 것이니 그 책임이 중차대한 일이고, 중판(重版)은 출판물의 판수를 거듭하여 간행하는 것으로 저자에게나 독자들한테나 그지없이 좋은 일이고, 중혼(重婚)은 배우자가 있는 사람이 이중으로 결혼하는 것이니 남한테 몹쓸 짓을 하는 것이로다.

이와 같이 기쁨과 슬픔이 배가 되도록 하는 것이 바로 '중(重)' 자(字)의 역할이다. 남편이 승진했는데 부인이 순산을 하면 겹경사요 금상첨화(錦上添花)고, 할머니가 낙상을 했는데 손자가 입시에 떨어지면 설상가상(雪上加霜)이요 설상가설(雪上加雪)이 아닌가.

중송(重送)은 중별(重別)과 같다. 예전에는 나라에 죄를 지으면 귀양을 보냈다. 그랬다가 일정 기간이 지나거나 나라에 경사가 있으면 불러 올리곤 했다. 그런데 한 번 귀양을 보냈다가 여죄가 더 밝혀지거나 괘씸죄에 걸리기라도 하면 사약을 받기도 하고, 무자비하게 죽임을 당하기도 하고, 더 멀리 귀양을 보내기도 했다. 이 시의 주인공인 배낭중도 한 번 귀양을 왔다가 무슨 연유로 해서 더 먼

오지(奧地)로 귀양을 가게 된 것이다. 그래서 시인은 더 마음이 아프고 어찌할 바를 모르고 있는 것이다. 이제 가면 언제 또다시 만나게 될까, 혹여 다시는 못 보게 되는 것은 아닐까 하여 '만 리 물길에 외로운 배 한 척 떠내려간다'고 한 것이리라.

  살면서 이렇게 '중송(重送)'을 안 겪고 사는 것도 복이다. 어느 전직 대통령은 유배도 갔다오고 감옥에도 다녀오지 않았던가.

【註】
1) 重(중): 다시, 거듭.
2) 郞中(낭중): 尙書省의 각 부처에 있는 관직명.
3) 貶(폄): 깎아 내리다, 좌천시키다.
4) 吉州(길주): 지금의 江西省 吉安.
5) 啼(제): 울다, 새가 울다.
6) 客散(객산): 송별연에 참석했던 사람들이 다 뿔뿔이 흩어지다.
7) 人(인): 떠나는 사람과 보내는 사람들 전부를 말한다.
8) 逐臣(축신): 지방으로 좌천되거나 귀양 가는 신하, 관료.
9) 更(갱): 다시. 更生. 更新.

> 重別夢得
> 柳宗元
>
> 二十年來萬事同
> 今朝歧路忽西東
> 皇恩若許歸田去
> 晚歲當爲隣舍翁
>
> **유몽득과 다시 헤어지며**
> 유종원
>
> 이십 년 동안 모든 행동을 같이했는데
> 오늘 아침 갈림길에서 갑자기 서쪽과 동쪽으로 가는구나
> 만약 황제의 은혜를 입어 전원으로 가게 된다면
> 만년에는 응당 이웃집 노인이 될 것이로세

피천득 선생의 수필 중에 제목은 잘 생각이 안 나는데 '돈 5만 원이 생기면 소박하게 이러저러한 일들을 하겠다'는 내용의 글을 읽은 기억이 난다. 아주 오래 전의 일이라 5만 원이 적은 돈은 아니었지만 그렇다고 뭐 하나 딱 부러지게 할 수 있을 만한 액수도 아니었다. 그래서 금아(琴兒) 선생은 소박하게도 딸 서영이한테 뭘 사주든지, 책을 사서 보든지, 병원에 입원을 하든지 하는 꿈을 피력한 적이 있다.

팝 그룹 Bread의 〈If〉와 안치환의 〈내가 만일〉이라는 노래는 내용이 크게 다르지 않다. 사랑하는 이에게 보내는 연가(戀歌)다. 그렇게만 산다면 세상에 헤어지는 연인이나 이혼하는 부부는 한 쌍도 없을 것이다. 윤복희의 〈여러분〉이라는 노래도 '내가 만약……'으로 시작한다. 이 노래는 끝이 아주 멋드러진다. 남들을 다 위로해 주고 봉사하는 내가 외로울 때면 누가 날 위로해 줄까고 반문하다가 대화조로 '여러분……' 하고 끝맺는다. 여기에 커다란 박수를 안 칠 관객이 어디 있겠는가. 그래서 이 노래는 시간과 장소 불문하고 언제 어디서나 커다란 호응을 얻는다. 인간은 누구나 다른 사람한테 위로가 되어 줄 수 있는 존재가 되고 싶기 때문이다.

인간은 누구나 늘 '만약'이라는 꿈을 가지고 산다. '만약 내가 성적을 더 잘 받는다면', '만약 내가 싸움을 더 잘 할 수 있다면', '만약 내가 더 날씬하고 예뻐진다면', '만약 내가 돈을 잘 번다면', '만약 내가 결혼을 잘 할 수 있다면', '만약 내가 더 오래 산다면', '만약 내가 영어를 잘 한다면' 등등 가능하거나 가능하지 않든간에 늘 '만약'이라는 소망을 갖고 산다.

그런데 꿈과 행복은 비례한다거나 반비례한다거나 그런 도식적인 성격의 것이 절대 아니다. 꿈이 크다고 해서 실현 가능한 것도 아니고, 꿈이 작다고 해서 이루어진 다음에 만족도가 떨어지는 것은 아니기 때문이다. 50평 아파트에 사는 사람이 100평짜리 아파트로 옮기는 것이 꿈이었는데 주가가 올라서 집을 옮겼다고 치자. 그 사람은 금세 더 커다란 빌딩을 장만해야겠다는 욕망에 시달려 또 번뇌에 빠질 것이다. 반면에 달동네에 사는 사람이 제발 수돗물 잘 나오는 아랫동네로 옮겼으면 하는 소망에 젖었다가 푼푼이 모은 돈으로 전세를 옮기게 되었을 때의 그 환희란 말로 설명을 다 못 할 것이다.

물론 꿈과 이상과 희망은 크게 가질수록 좋다는 것은 주지의 사실이다. 하지만 분수에 맞는 꿈을 지니고 그것을 실현하는 것이 몸과 마음에도 좋은 법이다. 그것이 안분지족(安分知足)이다.

【註】
1) 岐路(기로): 갈림길. 岐路와 같음.
2) 忽(홀): 문득, 갑자기. 忽然.
3) 皇恩(황은): 임금의 은혜.
4) 若(약): 만일, 만약.
5) 歸田(귀전): 벼슬을 그만두고 시골로 은퇴하는 것. 자연으로 돌아가는 것.
6) 晩(만): 늦을, 저물. 大器晩成. 晩鐘.
7) 隣舍(인사): 이웃집, 옆집.

> 過分水嶺
> 溫庭筠
>
> 淸溪無情似有情
> 入山三日得同行
> 嶺頭便是分頭處
> 惜別潺湲一夜聲
>
> 분수령을 지나며
> 온정균
>
> 무정한 시냇물도 정이 있음인지
> 산에 들어와 3일을 함께 하였네
> 고갯마루에서 곧 우리가 헤어져야 하는데
> 이별이 아쉬워서 밤새 졸졸 소리를 내네

시인(詩人) 조지훈(趙芝薰)의 「돌의 미학(美學)」이라는 수필을 보면 '돌에도 피가 돈다. 나는 그것을 토함산 석굴암(石窟庵)에서 분명히 보았다'는 구절이 있다. 돌에도 생명이 있다는 얘기다. 돌에도 정이 있다는 얘기다.

어디 피가 돌고 생명이 있는 것이 돌뿐인가. 말라 비틀어진 고목(枯木)에도 채 사그라지지 않은 숨이 붙어 있고, 우리가 늘 보는 책에도 생명이 있고, 늘 신고 다니는 구두도 언어를 가지고 있다. 하물며 늘 살아 숨쉬는 자연은 말할 것도 없다. 혼자 산길을 가도 외롭지 않은 것은, 결코 심심하지 않은 것은 우리가 걸어가는 산길 내내 온갖 생명들이 숨쉬고, 속삭이고, 얘기를 던져 주고, 심지어 뒤따라오는 것들도 있기 때문이다. 여기저기서 까닭 모르게 지저귀는 새들도 위안거리가 되지만, 크게 가물지만 않으면 시냇물도 늘 따라오지만, 그것들 말고도 늘 정겨움을 보여주는 것들이 있다. 산마다 고유한 내음과 공기, 조금 변덕스럽고 귀찮게 굴기도 하지만 시시각각 변하는 바람, 그리고 무엇보다 그 커다란 품속으로 우리를 받아 주는 대지, 바로 흙이다. 산 자체다.

돌에 피가 돌고 돌이 살아 있는 것도 기실 그 뿌리를 흙에다 내리고 있기 때문이다. 흙은, 대지는 거기에 기생하는 모든 것들에 숨을, 생명을, 자양분을 늘 불어넣는다. 시냇물, 나무, 바위와 돌, 꽃과 풀, 심지어 늪까지도 그 생명의 기원은 당연히 흙이다. 그래서 자연은 늘 살아 있는 법이다.

바람에도 숨결이 흐른다. 나는 그것을 인적이 드문 한적한 산에서 분명히 보았다. 휴일이나 행락철이 아닌 평상시 사람들이 별로 찾지 않는 산을 가보면 누구나 느낄 수 있다. 계절에 상관없이 바람은 친근하게 다가온다. 우선 산 입구에 들어서면 가벼운 바람으로 인간 세상에서 묻히고 들어온 먼지를 털어 준다. 산길을 오르느라

호흡이 거칠어지면 서늘한 바람이 온몸을 식혀 준다. 도중에 몇 번이고 포기하려 하면 묵직한 바람이 등 뒤에서 밀어 준다. 겨우 정상에 올라 환희의 함성을 지르면 재빨리 멀리까지 날라 준다. 산골짜기마다 울리는 '야호' 소리에 힘이 절로 난다. 하산하는 길에 다리가 후들거리면 앞뒤에서 밀어 주고 당겨 준다. 행여 피곤하고 심심할까 봐 연신 온몸을 간지럽힌다.

바람에도 숨결이 돌고, 자연은 언제나 살아 숨쉰다.

【註】
1) 分水嶺(분수령): 물줄기가 갈라지는 고갯마루. 이 詩에서는 地名.
2) 淸溪(청계): 맑고 깨끗한 시냇물.
3) 似有情(사유정): 정이 있는 것도 같다. 혼자 먼길 돌아다니다 보면 나무, 돌, 물, 풀들도 다 말상대가 되고, 정겹게 느껴진다.
4) 得同行(득동행): 같이 가는 기회를 얻다. 같이 다니다.
5) 嶺頭(영두): 고갯마루.
6) 便是(변시): 다름이 아니라, 곧, 문득. 이 경우와 '오줌, 똥'을 이를 때는 '변'으로 발음해야 한다. 小便(소변), 更新(갱신).
7) 分頭處(분두처): 갈라지는 곳. 가야 할 산길과 계곡 물이 나뉘어지는 곳.
8) 潺湲(잔원): 물이 졸졸 흐르는 모양. 潺潺.
9) 一夜聲(일야성): 밤새 소리를 내다.

江亭夜月送別
王勃

江送巴南水
山橫塞北雲
津亭秋月夜
誰見泣離群

달밤에 강정에서 벗을 보내며
왕발

파강은 대파산의 남쪽 물을 보내고
산에는 변경 북쪽 구름이 비스듬히 걸려 있네
나루터 정자의 달 밝은 가을밤에
벗들과 헤어지며 흘리는 눈물 누가 볼 것인가

저녁에

저렇게 많은 별 중에서

별 하나가 나를 내려다본다

이렇게 많은 사람 중에서

그 별 하나를 쳐다본다.

밤이 깊을수록

별은 밝음 속에 사라지고

나는 어둠 속에 사라진다.

이렇게 정다운

너 하나 나 하나는

어디서 무엇이 되어

다시 만나랴.

    이 시는 '유심초'라는 남성 듀엣이 〈어디서 무엇이 되어 다시 만나랴〉는 곡명으로 노래를 불러 더 많이 알려진 이산(怡山) 김광섭(金珖燮)의 시다. 노래 이전에는 그림으로도 소개된 적이 있다. 화가이신 수화(樹話) 김환기(金煥基) 선생이 1970년도엔가 미국에서 〈언제 어디서 무엇이 되어 다시 만나랴〉는 대작을 그렸다. 화보집으로 그 그림을 본 필자는 대단한 감동을 받았다. 그래서 한동안 이 시를 암송하고 다닌 적도 있다. 대학 2학년 때인가는 그림과 똑같은 제목으로 단편소설을 써서 신춘문예에 응모한 적도 있다. 가당치 않게 당선소감도 미리 써두었는데 결과는 낙동강 오리알 신세였다.

이산 김광섭 시인은 「성북동 비둘기」를 비롯해서 「동경」, 「해바라기」, 「반응」 등 많은 작품을 남기고 1977년에 타계하셨다.

세상에는 「성북동 비둘기」가 널리 알려졌지만 개인적으로는 이 「저녁에」가 더욱 애착이 가는 시다. 그림으로도 그려지고, 노래로도 나오고, 무명 작가 지망생의 소설로도 나와—비록 세상에 빛은 보지 못했지만—많은 호사(?)를 누린 작품이기도 하다. 살다 보면 이렇게 자의로든 타의로든 운명이나 신세가 바뀌게 되는 경우가 많다. 사람도 그럴진대 하물며 다른 것들이야…….

【註】
1) 江亭(강정): 강가에 있는 정자.
2) 江(강): 巴江. 大巴山에서 흘러나오는 강.
3) 送巴南水(송파남수): 대파산의 남쪽 물을 보내다. 파강은 대파산에서 흘러나오기 때문에 대파산 남쪽 물을 보낸다고 한 것이다. 물은 당연히 위에서 아래로 흐르는 법.
4) 橫(횡): 제멋대로, 마음 내키는 대로, 비껴서.
5) 塞北(새북): 변방의 북쪽, 국경의 북쪽.
6) 津亭(진정): 나루터에 있는 정자.
7) 誰見(수견): 누가 볼 것인가. 가을 하늘에 걸려 있는 달만이 본다는 뜻.
8) 泣離群(읍이군): 벗들을 떠나며 울다. 무리를 떠나며 울다. 하지만 어찌 떠나는 사람만 울 것인가. 그래서 달만이 본다고 한 것이다. 소리내어 우는 울음은 哭이요, 소리내지 않고 우는 것이 泣이다. 살을 에일 정도로 슬프면 哭보다 泣하게 된다.

自君之出矣
張九齡

自君之出矣
不復理殘機
思君如滿月
夜夜減淸輝

당신이 떠나신 뒤로는
장구령

당신이 떠나신 뒤로는
짜다 남은 베를 다시 짜지 않았지요
그대 사모하는 마음 저 보름달과도 같아요
밤마다 그 맑고 깨끗한 빛이 줄어드니까요

베틀가

베틀을 놓세 베틀을 놓세

옥난간에다 베틀을 놓세

(후렴)

에헤요 베 짜는 아가씨 사랑 노래

베틀에 수심만 지누나

낮에 짜면 일광단이요
밤에 짜면 월광단이라
일광단 월광단 다 짜 가지고
어느 댁 부모님 보여나 주나

이 베를 짜서 누구를 주나
바디칠손 눈물이로다

닭아 닭아 우지를 마라
이 베 짜기가 다 늦어 간다

우리 민요 〈베틀가〉 중의 한 대목이다.

예로부터 내려온 말 중에 삼락성(三樂聲)이라는 것이 있다. 한 집에서 언제나 들어도 즐거운 세 가지 소리를 말한 것이다. 그 세 가지 소리는 책 읽는 소리, 베 짜는 소리, 아기 소리를 말한다. 요즘이야 천자문같이 크게 읽으면서 외우는 시대가 아니니 책 읽는 소리가 들릴 리 만무하고—유치원생이나 초등학교 저학년생이 있는 집안에서는 어른들이 책 읽기를 가끔 시키기도 하지만—베 짜는 소리 역시 방적공업의 발달로 예전같이 여느 가정에선 쉽사리 들을 수 없는 소리가 되고 말았다. 삼베·무명·명주와 같은 베를 짜던 베틀도 이젠 박물관에나 가야 볼 수 있게 되었다. 베틀가 역시 민요 LP나 CD로나 들을 수밖에 없게 되었다. '한산 모시'와 '임실 삼베'가 아직 시장에 나오고 있으니 지방에 따라서는 나이 드신 할머니들이 부르는 베 짜는 소리를 들을 수도 있겠지만.

베 짜는 소리를 삼락성의 하나로 들었지만 베틀 위에 걸터앉아서 하루 종일 베를 짜는 당사자는 즐거움보다는 괴로움이 많았을 것이다. 자식들 뒷바라지라도 하는 경우에는 즐거운 마음으로 할 수 있겠지만 외방 출입하는 남편을 둔 아낙네는 그 심정이 어떠했을까. 혹은 남편이 귀양을 갔거나 변방에 수자리 살기라도 하는 경우에는 언제 돌아올지 모르는 남편을 기다리느라 속은 숯검댕이 되는데 베 짤 엄두가 났을까.

모든 일이 다 그렇듯이, 특히 힘들고 어려운 일은 마음에서 우러나야, 즐거운 마음으로 해야 힘이 덜 드는 법이다.

【註】
1) 自(자): ~부터, ~뒤로는.
2) 不復理(불부리): 다시 짜지 않다. '理'는 '손질하다, 처리하다, 수선하다'의 뜻.
3) 殘機(잔기): 짜다가 다 못 짠 베.
4) 减(감): 줄어들다. '減'의 俗字.
5) 淸輝(청휘): 맑은 빛, 깨끗하고 선명한 빛.

送崔九
裴迪

歸山深淺去
須盡邱壑美
莫學武陵人
暫遊桃源裏

최구를 보내며
배적

그대 산에 돌아가거든 깊은 데를 가거나 얕은 데를 가거나
모름지기 언덕과 골짜기의 아름다움을 다 볼지니
마치 그 옛날 무릉의 어부처럼
잠시 도화원 속에서만 즐기지 말지어다

「도화원기(桃花源記)」는 원래 「도화원시(桃花源詩)」의 제목 아래 붙여 시를 짓게 된 배경을 설명한 글이었는데, 나중에는 '시'보다 '기'가 유명해졌다. 간단히 요약하면 다음과 같다.

동진(東晉)시대 무릉(武陵)에 사는 한 어부가 배를 타고 강을 거슬러 올라가다가 홀연히 복사꽃 만발한 숲에 닿았는데 강 양쪽 수백 보의 땅이 모두 복숭아나무였다. 다른 나무는 하나도 없었으며

땅에는 싱그럽고 아름다운 풀들이 가득했고, 나무에서 떨어지는 복사꽃은 바람에 날리면서 어부를 황홀하게 했다. 배를 강기슭에 대자 작은 동산이 하나 있어 땅에 올라 좁은 동굴 안으로 들어갔는데, 수십 걸음을 가자 갑자기 주위가 밝아지더니 새로운 세계가 나타났다.

땅은 넓고 평탄하며 집들도 가지런하였고, 비옥한 밭, 아름다운 연못, 뽕나무와 대나무 등이 가득하였다. 밭둑길은 사방으로 잘 정비되어 있었으며, 닭 울음과 개 짖는 소리를 여기저기서 들을 수 있었다. 그곳을 돌아다니며 밭 가는 사람들은 남녀 모두 그 차림새가 외부 사람과 다를 게 없었다. 노인과 아이들도 모두 편안하게 자신들의 즐거움을 누리고 있었다.

그들의 조상은 진(秦)나라 때 난리를 피해 그곳에 옮겨 왔다는 것이며, 그후 오랫동안 외부와 단절된 채 오늘날까지 지내 왔다는 것이다. 그래서 마을 사람들은 진(秦)나라에 이어·전한(前漢)·후한(後漢)·삼국(三國)·서진(西晉)의 시대가 지났다는 사실도 까맣게 모르고 있었다.

어부는 그곳에서 며칠 동안 머무른 후 작별을 고하였다. 복사촌 사람들은 거듭 당부하여 말하기를 바깥 사람들한테는 알리지 않는 것이 좋겠다고 했다. 하지만 어부는 가족들을 데리고 다시 그곳에

와 살 생각으로 돌아오는 길에 여러 군데에 표시를 해놓았으나 다시는 찾을 수가 없었다. 어부의 이야기를 들은 여러 사람들이 그곳을 찾으려 하였지만 모두 허사였다.

피천득 선생의 「인연(因緣)」이라는 수필에 '그리워하는데도 한 번 만나고는 못 만나게 되기도 하고, 일생을 못 잊으면서도 아니 만나고 살기도 한다'는 구절이 있다. 차라리 어부가 무릉도원을 발견하지 못하든지 아니면 한 번 다녀온 뒤로는 속세에서 그냥 살았으면 좋았을 거라는 생각이 든다.

어차피 우리네 '이상향(理想鄕)'은 어디 멀리 있는 것이 아니라 늘 우리네 마음속에 있을 뿐, 우리가 그것을 발견하지 못하는 것인데…….

【註】
1) 崔九(최구): 작자의 벗 崔興宗을 가리킴. 九는 배항.
2) 深淺去(심천거): 깊은 데를 가거나 얕은 데를 가거나.
3) 須(수): 모름지기, 마땅히, 반드시.
4) 盡(진): 정성을 다하다, 진력하다.
5) 邱壑(구학): 언덕과 골짜기.
6) 莫學(막학): ~을 배우지 말라, ~처럼 하지 말라.
7) 武陵人(무릉인): 陶淵明의 「桃花源記」에 나오는 武陵의 漁夫를 말함.
8) 暫遊(잠유): 잠시 즐기다, 잠깐 즐겁게 지내다.
9) 桃源裏(도원리): 桃花源 속에서, 그 理想鄕 안에서.

送人
王建

河亭收酒器
語盡各西東
回首不相見
行車秋雨中

벗을 보내고
왕건

강가의 정자에서 술을 마시고
이야기를 마치고 동서로 헤어졌네
고개를 돌렸지만 서로를 볼 수가 없고
가을비 속으로 그대 수레 멀어져 가네

가을비 우산 속

그리움이 눈처럼 쌓인 거리를

나 혼자서 걸었네 미련 때문에

흐르는 세월따라 잊혀진 그 얼굴이

왜 이다지 속눈썹에 또다시 떠오르나

정다웠던 그 눈길 목소리 어딜 갔나

아픈 가슴 달래며 찾아 헤매이는

가을비 우산 속에 이슬 맺힌다

잊어야지 언젠가는 세월 흐름 속에

나 혼자 잊어야지 잊어 봐야지

슬픔도 괴로움도 나 혼자서 잊어야지

그러다가 언젠가는 잊어지겠지

정다웠던 그 눈길 목소리 어딜 갔나

아픈 가슴 달래며 찾아 헤매이는

가을비 우산 속에 이슬 맺힌다

이 노래는 가수 최헌이 1970년대 중반에 불러서 공전의 히트를 친 곡이다. 이 노래의 히트에 힘입어 '가을비 우산 속'이라는 간판을 단 레스토랑들이 많이 생겨났을 정도였다. 그 당시에 또 생각나는 영화로는 『우산 속의 세 여자』도 있다. 『쉘브루의 우산』이 영화로 나온 것이 1964년이었으니까 대충 십여 년 뒤에 한국에 우산 열풍이 몰아닥친 셈이었다. 하기는 그 이전에도 박인수의 〈봄비〉가 유행했었으니까 사랑과 비는 연관이 꽤 많은 모양이다.

필자는 속칭 말하는 475세대다. 1950년대에 태어나서 1970년대에 대학을 다녔고 나이는 40대, 그래서 475세대다. 386세대, 297세대까지는 알겠는데 그 뒤로는 또 어떤 신조어가 나왔는지 잘 모르겠다.

어쨌든 당시 최헌이라는 가수는 '호랑나비'라는 그룹을 하고 있었는데 〈오동잎〉도 불렀고, 나중에는 Bertie Higgins라는 가수가 부른 〈Casablanca〉라는 곡을 우리 가사로 불러서 인기를 모으기도 했다. 특유의 허스키하고 감성적인 목소리로 많은 팬을 가지고 있던 좋은 가수였는데 요즘은 활동이 뜸한 것 같다. 하기는 30대만 되면 가요 쪽에서는 원로 가수 대우를 해주는 게 우리네 서글픈 현실이기는 하지만…….

지금 다시 들으면 가사가 단순한 것도 같지만 그래도 하고 싶은 말들은 다 들어 있다. 길다고, 어렵다고 꼭 좋은 가사는 아니다. 적어도 475세대는 행복하다. 우리네 학창 시절 포크 1세대, 그룹 1세대들의 노래는 다 들으면서 컸으니까. 그래도 밑바닥에는 트로트의 자양분이 가득 담겨져 있었다. 우리는 김치 민족이니까…….

【註】
1) 河亭(하정): 강가에 있는 정자.
2) 收酒器(수주기): 술그릇을 잡다, 곧 술을 마시다.
3) 語盡(어진): 말을 다하다, 이야기를 마치다.
4) 回首(회수): 고개를 돌리다, 머리를 돌리다.
5) 行車(행거): 수레가 가다.

謝亭送別
許渾

勞歌一曲解行舟
紅葉靑山水急流
日暮酒醒人已遠
滿天風雨下西樓

사정에서 그대를 보내고
허혼

뱃노래 한 곡 부르고 배를 띄우니
붉은 잎 푸른 산 사이로 물살이 빠르네
해지고 술 깨니 그대는 이미 멀리 가 버리고
온 하늘에 비바람만 가득해 누각을 내려오네

뱃노래

어야노 야노야 어야노 야노 어기여차 뱃놀이 가잔다

부딪히는 파도 소리 단잠을 깨우니

들려오는 노 소리가 처량도 하구나

어야노 야노야 어야노 야노 어기여차 뱃놀이 가잔다

낙조 청강에 배를 띄우고

술렁술렁 노저어라 달맞이 가잔다

어야노 야노야 어야노 야노 어기여차 뱃놀이 가잔다

연평바다에 조기를 잡아서

모진 풍랑 헤치면서 돌아오리라

우리 민요 〈뱃노래〉다. 어딘가 모르게 애잔한 곡조를 지녔으면서도 뱃사람들의 강인한 의지가 담겨 있는 노래다. 처음에는 다소 처지게 시작했다가 막판에는 힘차게 끝을 맺는다. 노동요는 역시 힘차야 단합도 잘 되고, 호흡도 잘 맞고, 힘도 덜 든다.

학창 시절, 특히 남학생들은 자기네 학교가 구기종목 시합이 있으면 괜히 신바람을 냈다. 우선은 지겨운 수업을 하지 않아서 좋고, 아침에 들어가면 하루 종일 갇혀 지내야 하는 감옥 같은 학교를 빠져 나와 좋고, 모처럼 운동장이나 체육관에서 고래고래 소리지르거나 응원가를 불러서 좋고, 그런 날은 늘 김치와 콩자반뿐인 도시락을 안 싸가서 좋고, 재수가 좋으면 경기장에서 여학생들을 볼 수 있어 더욱 좋았다. 재주 좋은 친구들은 그 환한 대낮에도 약간의 알콜을 곁들여 마냥 기분을 내곤 했다.

응원가로 제일 많이 부른 노래는 당연히 교가였다. 교가는 부르고 싶어서도 불렀고, 부르기 싫은데도 불러야 했다. 그 당시 많이 부른 노래는 〈구름 나그네〉(최헌), 〈그건 너〉(이장희), 〈나의 이십 년〉(장계현), 〈난 정말 몰랐었네〉(최병걸), 〈너〉(이종용), 〈물레방아 인생〉(조영남), 〈미인〉(신중현), 〈벽오동〉(투 코리안스), 〈사랑만은 않겠어요〉(윤수일), 〈아침 이슬〉(양희은), 〈오동잎〉(최헌), 〈님과 함께〉(남진), 〈잘 있어요〉(이현) 등이다. 그리고 많이 부른 노래들은 젊은 혈기에 당연하게도 금지곡들이었다.

이제는 여럿이 노래 부를 기회가 거의 없다. 속된 말로 떼창을 해야 신바람이 나는데 안타깝기만 하다. 나이가 드나 보다.

【註】
1) 謝亭(사정): 정자. '謝'는 정자.
2) 勞歌(노가): 일반적으로 勞役者가 부르는 노래를 뜻하는데, 이 詩에서는 뱃노래.
3) 解行舟(해행주): 배를 띄우다, 배를 띄워 떠나다.
4) 水急流(수급류): 물살이 빠르다. 이별의 아픔을 제대로 나누기도 전에, 벗을 태운 배가 흐르는 물살을 타고 빨리 가 버렸음을 그리고 있다.
5) 酒醒(주성): 술이 깨다.
6) 滿天風雨(만천풍우): 온 하늘에 비바람이 가득하다.
7) 下西樓(하서루): 누각을 내려오다. '西樓'는 특별한 뜻이 아니라 그냥 '서쪽을 향해 서 있는 누각' 정도로 풀이하면 족하다.

惜別
杜牧

多情却似總無情
惟覺尊前笑不成
蠟燭有心還惜別
替人垂淚到天明

그대와 헤어지며
두목

다정함이 오히려 무정한 것만 같아
님 앞에 마주해도 웃을 수가 없네
저 촛불은 또 헤어지는 것을 아쉬워해서인가
사람 대신 날이 새도록 눈물을 드리우네

촛불

소리없이 어둠은 내리고

길손처럼 또 밤이 찾아오면

창가에 촛불 밝혀 두리라

외로움을 태우리라

나를 버리신 내 님 생각에

오늘도 잠 못 이뤄 지새우며

촛불만 하염없이 태우노라

이 밤이 다 가도록

사랑은 불빛 아래 흔들리며

내 마음 사로잡는데

차갑게 식지 않은 미련은

촛불처럼 타오르네

나를 버리신 내 님 생각에

오늘도 잠 못 이뤄 지새우며

촛불만 하염없이 태우노라

이 밤이 다 가도록

　

　노래하는 음유 시인 정태춘이 1970년대 후반에 발표해서 대학가에 '촛불' 바람을 몰고 온 곡이다. 그 당시 기타를 칠 줄 아는 남학생이라면 여자친구 앞에서 온갖 폼 다 잡고 이 노래를 불러 봤을 것이다.

　정태춘의 노래가사는 그야말로 시다. 그렇다고 대중가요의 가사가 수준이 낮다거나 저속하다는 뜻이 아니라 노래말 중에서도 노래보다 가사가 좋은 경우도 참 많다. 정태춘의 〈북한강에서〉, 〈시인의 마을〉,〈탁발승의 새벽 노래〉,〈사랑하는 이에게〉,〈봉숭아〉 등등 많은 곡들은 어지간한 시보다 훨씬 뛰어나다. 가사가 좋기로는 작가 양인자의 경우도 마찬가지다. 그녀의 작품은 조용필이 많이 불렀는데〈킬리만자로의 표범〉,〈바람이 전하는 말〉,〈그 겨울의 찻집〉,〈Q〉 등의 노래말은 정말 듣는 이의 가슴을 아리게 한다. 정태춘의 가사가 서정적이라면 양인자의 가사는 감성적이다. 가사가 좋고 노래도 좋고 부른 가수까지 좋으면 얼마나 좋은가. 이 혼탁한 세상에서 우울한 영혼들을 위로하는 것은 그나마 노래가 제일이 아닐까 싶다.

【註】
1) 却似(각사): 오히려 ~같다. 거꾸로 ~같다.
2) 總(총): 모두, 다. 總員.
3) 尊前(존전): 귀한 사람 앞에서. 尊貴. '尊'을 술단지 '樽'과 같은 뜻으로 풀이해도 무방하다. 樽酒(=尊酒).
4) 笑不成(소불성): 웃을 수가 없다.
5) 蠟燭(납촉): 밀랍으로 만든 초. 밀초.
6) 還(환): 거꾸로, 도리어.
7) 替人(체인): 대신하다, 바꾸다. 交替.
8) 垂淚(수루): 눈물을 드리우다. 눈물 흘리다.
9) 到天明(도천명): 날이 새도록, 날이 밝을 때까지. '天明'은 새벽, 날 샐 무렵. '黎明' 과 같다.

> 東陽酒家贈別
> 韋莊
>
> 天涯方歎異鄉身
> 又向天涯別古人
> 明日五更孤居月
> 醉醒何處各沾衣
>
> **동양 술집에서 헤어지며**
> 위장
>
> 고향을 멀리 떠나와서야 비로소 나그네 신세를 서러워하는데
> 다시 또 멀리 친구를 보내네
> 내일 새벽에는 홀로 달 아래에서
> 어느 곳에선가 술 깨서 눈물로 옷을 적시고 있겠거니

어렸을 적에 동네 꼬마 녀석들 옷소매는 늘 꾀죄죄했다. 자주 갈아입히거나 빨아 입히지 못해서 그런 것도 있었지만 무엇보다도 그 당시에는 휴지란 것의 개념이 없는 때라서 콧물만 나오면 옷소매로 그냥 한 번 쓱 훔쳐서 그런 것이었다. 변소 갈 때도 신문지 찢어서 쓰던 때였으니 애들 나가 놀 때 변변한 휴지 조각 한 장이라도 쥐어 보낼 엄두가 어디 있었겠는가. 해서 애들 소매만 애꿎게 노상 때에 쩔어서 반들거렸다. 그것도 한두 번 훔쳐서는 여간

해서 표가 잘 나지 않는다. 며칠을 두고 수십 번을 닦아내야 반들거리게 된다. 또 겨울이면 왜 그리 춥고 배가 고프던지⋯⋯. 옷은 형들 입다가 다 해진 걸 물려 입고, 게다가 먹을 거라곤 간식은 고사하고 밥도 제대로 배불리 먹어 본 기억도 가물가물하고. 그러니 동네 꼬마들 중에 태반은 늘 훌쩍거렸다.

그렇게 콧물이라도 자주 훔쳐야 반들거리게 되는데 눈물을 얼마나 닦길래 옷깃이 다 젖을까. 하여간에 우리나 중국이나 예전 사람들은 속된 말로 어지간히 뻥들이 세다. 하기야 슬픔이 극에 달하면 눈물, 콧물이 마구 나오는 법이니 그럴 만도 하겠지만⋯⋯. 『해리가 샐리를 만났을 때』란 영화를 보면 Meg Ryan이 Billy Crystal 앞에서 연신 코눈물을 훔치며 엄청나게 화장지를 소모하는 장면이 있다. 적어도 그 정도는 흘려야, 그렇게 쏟아져 나오는 코눈물을 닦고 훔쳐야 옷깃이 젖을 것이 아닌가. 게다가 당나라 때 시인들은 유별나서 남자들끼리 헤어지는 데도 눈물을 흘리고 그러는지, 그것도 옷소매를 적실 정도로 흘린다니 어지간히 감수성도 예민하고 정들도 많은 모양이 아닌가 하고 반문할지도 모르겠다.

따지고 보면 문학이라는 것이 생긴 이래, 글이라는 것이 만들어진 이래 약간의 너스레와 과장을 빼면 남는 것이 별로 없다. 아니, 재미가 없다. 말이야 남들 앞에서 하는 것이니만치 웬만큼 얼굴이

두껍지 않은 다음에야 어느 정도는 진실에 가까운 것이 사실이다. 하지만 편지나 시나 소설이나 이런 것들은 아무도 없는 곳에서 혼자 쓰는 것이다. 그러니 적당히 가감이 되기도 하고, 대충 사탕발림도 하게 되고, 그럴싸하게 포장도 하게 된다. 또 그래야 읽는 사람들도 기분이 좋고, 감동도 하게 되고, 잘 썼다고 고개를 끄덕이게도 된다.

연애편지 한 번 써본 사람, 시 몇 편 끄적인 사람, 반성문 몇 장 써본 사람은 이 말에 절로 고개가 끄덕여질 것이다.

【註】
1) 東陽酒家(동양주가): 동양에 있는 술집. '東陽'은 지명.
2) 天涯(천애): 하늘의 끝, 아주 먼 곳.
3) 方(방): 바야흐로, 이제 막. 方今.
4) 異鄕身(이향신): 나그네가 된 몸, 나그네 신세.
5) 五更(오경): 새벽 4시 전후.
6) 孤居月(고거월): 혼자 달 아래 있다, 홀로 달을 벗삼다.
7) 醉醒(취성): 술이 깨다.
8) 各(각): 각기, 각각.
9) 沾衣(첨의): 눈물로 옷을 적시다, 옷깃으로 눈물을 훔치다.

南行別弟
韋承慶

澹澹長江水
悠悠遠客情
落花相與恨
到地一無聲

남쪽으로 가면서 아우와 헤어지며
위승경

고요히 출렁거리며 흐르는 저 양자강처럼
나그네 시름도 끝이 없구나
지는 꽃도 서러운 듯
소리없이 떨어지누나

아우하고 헤어지는 것을 별제(別弟)라고 하면 형과 헤어지는 것은 별형(別兄)이라고 해야 하는지 모르겠다. 우리 역사상 형제간에 애끓게 헤어진 경우가 많았겠지만 정약전·약용 형제의 이별은 생각만 해도 정말로 가슴이 미어진다.

1801년 개혁군주 정조가 급서(急逝)한 다음해, 정조의 장례를 마치고 재위 원년을 맞는 순조는 12세의 어린 나이로 대권은 모두 김(金) 대비(大妃)에게 있었다. 신유 정월 10일 대왕대비 김씨는 사학(邪學) 금압을 위해 가혹한 법령을 선포하였다. 신유년에 일어난 천주교 탄압 사건을 역사에서는 신유사옥(辛酉邪獄)이라고 부르지만 다산의 입장에서는 분명히 신유사화(辛酉士禍)라고 명명하였다. 그 이유에 대하여 다산은 상세하고 명백한 논리의 기록을 남겼다. 신유사화는 그 발생 동기나 사건의 계기가 반드시 천주교 때문만은 아니었다. 벽파(僻派)가 집권하여 시파(時派)를 억누르는 데서 벌어진 정치적 이유가 더 많은 부분을 차지하고 있었다.

어쨌든 셋째였던 정약종은 명백한 천주교 신자였고, 종교의 진리를 밝히려고 정정당당하게 신앙을 고백하고 죽었지만 둘째였던 약전과 막내 약용은 억울하게도 유배되어 그 해 2월 하순 약전은 강진현 신지도로, 약용은 장기현으로 떠난다. 그들은 10월 하순 서울로 재소환되지만 무혐의로 판명이 되어 유배지 장소를 바꾸어 강진으로 또다시 유배길을 떠나야 했다. 약전도 신지도에서 흑산도로 유배지가 바뀌어 두 형제는 오랏줄에 함께 묶여 동행의 남행길을 떠나야만 했다.

동작 나루를 건너고, 과천을 지나 금강을 건너서 갈재(蘆嶺)를 넘어 형과 아우가 이별해야 하는 나주의 율정점에 이른다. 형제가 서로 자기 갈 길을 가려고 헤어져야 했던(兄弟相別) 그때는 그래도 일루의 희망이 있었지만, 흑산도로 들어간 후 16년째가 되던 해 그토록 그리던 동생을 그리다 약전은 병사하고 말았다. 다산은 그로부터 3년이 지난 뒤에 유배가 풀려 선산에 와서야 무덤 속에 있는 약전을 만날 수 있었다.

그들이 유배지에서 주고받은 서신과 약전이 남긴 글, 약용이 형님의 일생을 기록한 「손암(巽菴) 묘지명(墓誌名)」에 보면 형제간의 도타운 우정과 이별, 그리고 사별, 비운의 운명이 애절하게 나타나 있어 보는 이로 하여금 숙연하게 만든다.

【註】
1) 澹澹(담담): 물이 고요히 출렁거리는 모양. 고요하고 맑은 모양. 澹泊(담박: 마음에 욕심이 없고 깨끗함).
2) 長江水(장강수): 揚子江. 중국에서는 북쪽 지방의 것을 '河'라 부르고, 남쪽 지방의 것은 '江'이라 한다. 한편으로 양자강을 그냥 '江'이라 부르고, 황하를 그냥 '河'라고 부른다. 옛날에는 양자강을 그냥 '江' 또는 '江水'라 불렀고, 후세에 내려와서 '長江' 또는 '大江'이라 한다. 한편으로는 다른 의견도 있다. '우리 나라에서는 흔히 장강을 양자강으로 부르는데, 사실은 장강이라고 불러야 마땅하다. 왜냐하면 양자강이라는 명칭은 사실 장강 하류의 명칭이기 때문이다. 즉, 장강은 青海省에서 시작되어 여러 단계로 나뉘는데, 지역마다 강을 부르는 이름이 각기 다르다. 첫 번째 단계의 명칭은 沱沱河(타타하)이고, 두 번째 단계의 명칭은 通天河이며, 세 번째 단계의 명칭은 經沙江이다. 그리고 이어 四川省 宜賓(의빈)에서부터 湖北省宜昌까지 구간은 川江이라고 부르고, 의창부터 城陵磯까지는 荊江이라고 부르며, 九江부터 上海의 吳淞口까지를 양자강이라 부른다. 그러니 양자강이 아니라 장강이라고 부르는 것이 타당하다' (『삼국지문화답사기』 291쪽 참조. 남덕현 지음, 미래M&B 刊).
3) 悠悠(유유): 여유가 있고 한가한 모양, 걱정하는 모양, 느릿느릿 가는 모양.
4) 遠客情(원객정): 멀리 집 떠나 있는 나그네가 느끼는 심정, 나그네의 시름.
5) 相與恨(상여한): 서러움을 같이하다, 함께 서러워하다.
6) 到地(도지): 땅에 닿다, 땅에 떨어지다.

寄韋秀才
李群玉

荊臺蘭渚客
寥落共含情
空館相思夜
孤燈照雨聲

위수재에게
이군옥

그대와 형대 지방에서 좋은 벗으로 지냈는데
지금은 헤어져 함께 쓸쓸히 마음을 앓네
빈 여관에서 서로를 그리워하는 이 밤
외로운 등불이 빗소리를 비추고 있네

등불

그대 슬픈 밤에는 등불을 켜요

고요히 타오르는 장미의 눈물

하얀 외로움에 그대 불을 밝히고

회상의 먼 바다에 그대 배를 띄워요

창가에 홀로 앉아 등불을 켜면

살며시 피어나는 무지개 추억

그대 슬픈 밤에는 등불을 켜요
정답게 피어나는 밀감빛 안개
황홀한 그리움에 그대 불을 밝히고
회상의 종소리를 그대 들어 보아요
창가에 홀로 앉아 등불을 켜면
조용히 들려오는 님의 목소리

1970년대 초 〈해변으로 가요〉를 불렀던 '키 보이스', 〈초원의 사랑〉을 불렀던 '히 식스'와 함께 우리 나라 그룹 사운드를 대표했던 '영 사운드'가 불러서 젊은 층에게 인기를 모았던 곡이다.

막상 이 노래가 나올 때쯤에는 전기가 들어오지 않는 곳에만 남포등이나 호롱불을 썼고, 서울 변두리에도 대충 전기는 다 들어왔을 즈음이 아닌가 싶다. 물론 시도때도 없이 전기가 끊길 경우를 대비해서 집집마다 등이나 초를 구비하고 있기는 했다.

흔히들 여자들이 분위기에 약하다고들 한다. 그래서 환할 때보다는 조명이 약간 어두울 때, 늘 다니던 장소보다는 조금 낯설은 곳,

음식도 약간 화려한 것을 먹을 때 사랑 고백을 하면 십중팔구는 먹힌다는 것이 선배들과 우리들의 믿음이었다. 또 대부분 그 말이 맞는 것 같기도 하다.

어쨌거나 불은, 특히나 등불은 사람의 마음에 따라 많이 좌우된다. 마음이 편안하면 등불도 환하게 잘 타오르는 것 같고, 불안하거나 마음이 아플 때면 등불도 자꾸 흔들거리고 바지직 소리를 내며 다 타 들어가 금세라도 꺼질 것만 같기도 하다.

요즘이야 스위치를 돌리거나 눌러서 조명을 조절하는 세상이니 새삼스럽게 흔들리고 할 것도 없는 세상이 되었지만. 그래서 또 사람들 마음이 천차만별인가 보다.

【註】
1) 韋秀才(위수재): '韋'는 姓, '秀才'는 과거 볼 자격이 있는 사람. 唐代에는 지방에서 천거하여 중앙에 가서 시험 보는 것을 '鄕貢'이라 했다. 천거를 받아 응시 자격을 갖춘 사람을 통칭하여 '擧人'이라고 했으며, 당대인들은 '擧進士'나 '秀才'라고 했다. 요즘 말로 하면 考試準備生 정도라고 할까.
2) 荊臺(형대): 지금의 호남성·호북성 일대, 楚의 지명.
3) 蘭渚客(난저객): 좋은 벗. 蘭客. 良友.
4) 寥落(요락): 쓸쓸함. 거칠어 황량함.
5) 共含情(공함정): 정을 함께 나누다. 공유하다.
6) 空館(공관): 빈 여관, 객사.

送麴司直
郎士元

曙雪蒼蒼兼曙雲
朔風燕鴈不堪聞
貧交此別無他贈
惟有靑山遠送君

국사직을 보내며
낭사원

새벽 눈이 활짝 개고 새벽 구름도 걷혔는데
북풍에 날아가는 기러기 소리 차마 들을 수 없네
가난한 우리 이별에 달리 정표로 줄 것 없는데
오직 푸른 산만이 그대를 멀리까지 배웅하네

청산에 살리라

나는 수풀 우거진 청산에 살으리라

나의 마음 푸르러 청산에 살으리라

이 봄도 산허리엔 초록빛 물들었네

세상 번뇌 시름 잊고 청산에서 살리라

길고 긴 세월 동안 온갖 세상 변하였어도

청산은 의구하니 청산에 살으리라

김연준 작사·작곡, 오현명 노래로 널리 알려진 가곡이다. 이 노래를 듣기 전에 가슴을 쓸어 내리고, 마음을 가다듬고, 고개를 뒤로 서너 번 제끼고, 심호흡을 크게 하고 들으면 나도 모르게 청산 속에 와 있는 듯하다. 눈을 감고 있으면 시원한 바람 소리, 지저귀는 새 소리, 계곡물 흐르는 소리, 작은 산짐승들이 뛰노는 소리, 구름이 흘러가는 소리, 안개가 피어오르는 소리, 나무들이 서로 속삭이는 소리, 돌에도 피가 도는 소리, 꽃이 피는 소리, 풀잎이 자라는 소리, 온갖 미물이 숨쉬는 소리가 다 들리는 것만 같다. 그래서 이 노래는 볼륨을 좀 크게 해서 들으면 좋다. 이 노래 듣고 시끄럽다고 투덜대는 이웃은 절대 없을 테니 아무런 걱정이 없다.

근대 이후 이 땅에 불어닥친 산업화·도시화의 드센 바람 앞에 우리는 참으로 많은 것을 잃었다. 인간적인 것, 훈훈한 것, 정겨운 것, 소중한 것 대신 비정한 것, 무관심과 냉담함, 기회주의, 개인주의 등이 슬그머니 굴러들어와 뿌리를 내렸다. 많은 사람들은 박 정권 때문에 그래도 이나마 먹고 살게 되지 않았느냐고 반문하지만 사람은 밥만 가지고는 살 수 없다. 우리네 순박했던 정신, 가난했지만 깨끗했던 국토와 강과 하늘이 마구 더럽혀져 있다. 덕분에 우리는 도덕 불감증에 살고 있다.

그래서 더욱 청산에 살고 싶다.

【註】
1) 麴司直(국사직): '麴'은 姓, '司直'은 官職名.
2) 曙雪(서설): 새벽 눈, 새벽에 내린 눈. 曙光.
3) 蒼蒼(창창): 맑게 갠 하늘을 이르는 말. 하늘의 푸른 모양.
4) 曙雲(서운): 새벽 구름, 새벽의 동터 오는 빛을 머금은 구름.
5) 朔風(삭풍): 북풍. 朔吹와 같다.
6) 燕鴈(연안): 北方의 기러기. '燕'은 春秋·戰國時代 河北省에 세운 戰國七雄의 한 나라였던 '燕'을 말한다.
7) 不堪聞(불감문): 감히 들을 수가 없다, 차마 들을 수가 없다.
8) 貧交(빈교): 가난한 때의 사귐, 또는 가난한 친구.
9) 無他贈(무타증): 달리 줄 것이 없다, 따로 줄 것이 없다.
10) 靑山(청산): 늘 변하지 않는 청산처럼 굳은 우정을 뜻한다.

相送
何遜(南朝 齊)

客心已百念
孤游重千里
江暗雨欲來
浪白風初起

서로를 보내며
하손(남조 제)

나그네 마음은 벌써 숱한 생각으로
외로운 발걸음 다시 천 리를 떠나고
강은 어두워지고 비라도 내리려는 듯
흰 물결에 바람이 이네

'우욕래(雨欲來): 비가 내리려 하다'. 비에게도 욕망이 있나 보다. 사전적인 의미로 욕망은 '누리고자 탐함. 또, 그 마음. 부족을 느껴 이를 채우려고 바라는 마음'이다. 희망은 '어떤 일을 이루고자 또 그걸 얻고자 바람'이고, 야망은 '바라서는 안 될 일을 바라는 일. 분에 넘치는 희망'이요, 대망은 '큰 희망'이다. 어쨌거나 인간은 밥만 먹고 살 수는 없는 노릇이어서 사랑도 먹고, 꿈도 먹고, 희망도 먹고, 욕망도 먹고, 또 당연히 근심도 먹고 산다.

내게도 소망은 있다. 사람들이 좀 조용히 살았으면, 예의를 갖추고 손톱만큼이라도 남을 배려하고 살았으면, 너무 시류에 편승하지 않았으면 싶다. 그래서 자기만 생각하는 이기적인 인간들은 어디 멀리로 이민이나 갔으면 좋겠다.

영화가 시작되었는데도 꾸역꾸역 기어들어와 다른 사람들한테 피해를 줘 가며 자기 자리를 찾는 파렴치한 젊은 남녀, 전철을 타고 가다 빈 자리라도 날라치면 혼자 떡 하니 자리를 차지해서는 저만치 있는 일행들을 다 불러대는 얌체족 아줌마들, 세상 고민 다 짊어졌는지 대낮부터 술에 취해 길거리나 대중교통 수단에서 난리법석을 쳐대는 아저씨들, 토요일이면 인기 가수들의 공개방송이 있는 여의도에 떼거리로 몰려와 하늘이 무너져라 괴성을 질러대는 여학생들, 때와 장소를 가리지 않고 경적을 지르며 지옥행 스피드 게임을 즐기는 오토바이족들, 전철이나 엘리베이터에서 탄 사람들이 미처 내리기도 전에 몰려들어오는 한심한 군상들, 점심 때 붐비는 식당 안에서 손님들이 줄지어 기다리고 있는데도 밥 다 먹고 이빨 쑤시며 한담을 나누고 있는 고약한 직장인들, 차를 몰고 가다가도 꼭 차창을 열고는 담배꽁초를 버리거나 가래침을 뱉는 미개인들, 아무리 어린애라지만 여러 사람들이 보는 공개적인 자리에서 쉬를 누이는 여편네들, 버스 타기 전에 요금을 미리 챙겨 놓지 않고 올라타서야 지갑을 뒤지느라 뒷사람들과 버스 운행 시간에 막대한 피해를 주는 몰염치한 인간들, 공공장소에서 자기네 애들을 망아지 풀어놓듯 너무 풀어 놓아 다수에게 피해를 주는 무분별한 자식 방치자들, 자신은 다른 차들 틈바구니를 미꾸라지처럼 끼어들어가 놓고는 다른 차가 그러면 요란스레 경적을 울려대는 저질 운전자들, 백주 대로에서 별로 어울리지도 잘나 보이지도 않는데 요란스럽게 껴안고 가는 지지리 궁상 청춘남녀들, 자신의 얼굴이나 몸매는 생각하지 않고 남들이 하니까 무조건 따라 해서 남들의 시신경을 피곤하게 하는 철부지 아가씨들, 술집에서 옆자리 손님은 아랑곳하지 않고 고래고래 악을 써야 술맛이 나는 머저리 술꾼들, 돈은 다 받으면서 음식 맛에 대해서는 전혀 신경을 안 쓰고 심지어는 서비스조차 엉망인 식당 주인들…….

나는 그런 후안무치한 인간들이 싫다. 적어도 염치는 차릴 줄 아는 사람들과 같이 살고 싶다. 멀어도 아직 멀었다.

【註】
1) 客心(객심): 나그네 마음.
2) 百念(백념): 많은 생각, 숱한 생각.
3) 孤游(고유): 혼자 돌아다니다, 혼자 놀다.
4) 雨欲來(우욕래): 비가 올 듯하다, 비가 내리려 하다.
5) 風初起(풍초기): 바람이 일기 시작하다, 바람이 처음 일다.

別詩
張融(南朝 齊)

白雲山上盡
淸風松下歇
欲識離人悲
孤臺見明月

이별시
장융(남조 제)

흰 구름 산 위에서 다 흩어지고
맑은 바람 소나무 아래서 쉬어 가네
벗과 헤어진 사람의 슬픔 알려거든
외로운 누대에 올라 밝은 달 바라보시게나

The River in the Pines

Oh, Mary was a maiden

When the birds began to sing

She was sweeter than the blooming rose

So early in the spring

Her thoughts were gay and happy

And the morning gay and fine

For her lover was a river boy

From the river in the pines

Now Charlie, he got married

To his Mary in the spring

When the trees were budding early

And the birds began to sing

But early in the autumn

When the fruit is in the wine

I′ll return to you, my darling

From the river in the pines

It was early in the morning

In Wisconsin′s dreary clime

When he heard the fatal rapids

For that last and fatal time

They found his body lying

On the Rocky shore below

Where the silent water ripples

And the whispering cedars below

Now every raft of lumber

That comes down, the cheerful way

There's a lonely grave

That's visited by drivers on their way

They plant wild flowers upon it

In the morning fair and fine

It's the grave of two young lovers

From the river in the pines

　　　여성 포크계의 거목이자 반전가요로 그 유명한 Joan Baez의 노래다. 한 편의 서정시다. 역시 한시(漢詩)는 보기에 좋고 영시(英詩)는 읽기에 좋다. 학창 시절 '문학의 밤'을 한답시고 분위기 있는 음악을 깔고 연습을 하다 보면 혀가 잘 안 돌아가서 애를 먹는 친구들이 있었다. 문집에 실리는 시는 어떻게 써도 상관이 없는데 낭송하는 시에 유난히 'ㄴ, ㄹ, ㅇ' 받침이 들어가는 단어를 많이 집어넣으면 읽는 사람이나 듣는 사람들이 힘들다는 사실을 깜빡한 것이었다. 그래서 부랴부랴 쉬운 시어들로 바꾸던 기억이 난다. 대학 때 William Shakespeare의 Sonnet를 읽다 보면 왜 그렇게 운(韻)이 잘 들어맞고 혀가 잘 돌아가던지……. 우리도 소월의 시나 신경림의 시들은 읽기에 불편함이 없지만 아무래도 영시보다는 어려운 것이 사실이다. Sonnet는 유럽의 서정시의 한 형식으로 13세기 이탈리아에서 생겨난 이래 낭만파 시대 각국에서 성행했다. 10음절(音節) 14행(行)을 기본으로 하고 있으며, 특수한 운(韻)을 띠고, 세련된 형식을 요하는 단시(短詩)를 말한다. 보통 수십 편 또는 백수십 편에 걸친 연작이 많다. Dante, Petrarca, Milton 등의 Sonnet가 유명하다.

사설 하나. Joan Baez의 Joan을 'John'이 아닌 'Joan'으로 알고 있는 사람은 팝송 실력이 대단하다. 우리는 '존' 하면 무조건 John으로 알고 있고, 대개의 경우 들어맞는데 Joan Baez는 예외다. 이런 명곡은 우리말로 번역한 것을 보는 것보다 그냥 눈으로 들으면 된다.

【註】
1) 盡(진): 다하다, 흩어지다, 사라지다.
2) 歇(헐): 쉬다. 間歇.
3) 欲識(욕식): 알고 싶어하다.
4) 孤臺(고대): 아무도 없는 누대, 곧 외로운 누대.

> 送人
> 鄭知常(高麗)
>
> 雨歇長堤草色多
> 送君南浦動悲歌
> 大同江水何時盡
> 別淚年年添綠波
>
> **님을 보내며**
> 정지상(고려)
>
> 비 갠 긴 강둑에 풀빛 짙어 가는데
> 남포에서 님을 보내니 슬픈 노래가 나오네
> 대동강 물은 언제나 다 마르리
> 해마다 이별의 눈물이 푸른 물결에 보태질 텐데

사람들은 이별할 때도 울지만 드라마나 영화를 보면서도 운다. 전에는 많은 사람들이, 대개 아줌마들이었지만, TV 사극을 보면서 엄청나게들 울었다. 부모가 돌아가신 것만큼이나 서럽게들 울었다. 해서 옷고름이 마를 날이 없었다.

우리 나라 사람들처럼 사극을 좋아하는 민족도 드물 것이다. 해서 어지간만 하면 TV사극은 웬만한 현대물과 견주어 시청률 경쟁에서 별로 밀리는 법이 없다. 더구나 요즘은 사극 전성시대가 아닌

가. 이런 전통(?) 아닌 전통은 어디서 흘러왔는지 잘 모르겠지만 오래 전 라디오 드라마를 듣던 습관이나 풍토에서 이어져 온 것이 아닐까 싶다. 우리네 어린 시절 일찌감치 저녁을 먹고 나면 사람들은 너나할것없이 다들 커다란 광석 라디오 앞에 옹기종기 모여들었다. 그 이상야릇한 기계에서 나오는 모든 것들이, 모든 프로그램들이 다 신기하고 또 그래서 인기들이 좋았지만 그래도 어른들이 즐겨 들었던 프로그램은 『전설 따라 삼천리』,『왕비열전』 등의 역사물이 아니었나 싶다. 지금 생각하면 참으로 유치하고 내용도 빈약한 사극이었지만 그 당시에는 선풍적인 인기를 끌었었다.

물론 사극 외에도 『진고개신사』,『절망은 없다』,『법창야화』 등의 멜로물이나 실화극도 상당한 인기가 있었던 또한 주지의 사실이다. 그러던 것이 TV가 생겨나고, TV 드라마가 전파를 타면서 그 독보적인 인기와 위력을 상실해 갔다.

엉성했던 초창기 TV 드라마 중에서 가장 선풍적인 인기를 끌었던 것이 바로 사극이었다. 꽤 많은 세월이 흐른 지금도 TV 드라마를 곱지 않은 시각으로 바라보는 사람들은 '늘 그 나물에 그 밥'이라고 비난들을 하는 형편인데 그 당시에는 형편이 훨씬 열악했을 터이니 길게 생각할 것도 없을 것이다.

라디오에서 잘 나가던 작가들을 모셔다가 작품을 의뢰했으니 짧은 시간내에 쓸 수 있는 작품은 사극밖에 없었을 것이고, 그 동안 별다른 실수 없이 몇 번이고 재미를 보았던 것이 바로 사극이라, 방송사나 연출자나 작가나 삼위일체로 '사극은 안전빵'이라는 지극히 평범하고도 얕은 생각들이 모처럼 합치점을 이뤄내 여기저기서 우후죽순 격으로 사극들을 방송했을 것이란 생각이다.

그렇게 양산해낸 사극들은 결코 배반하는 법 없이 시청자들의 커다란 반향을 불러일으켰다. 예나 지금이나 사극의 주시청층은 아줌마들이라 그녀들은 구중궁궐 안에서 일어나는 갖가지 에피소드들 ―임금을 둘러싼 여인네들의 암투와 연산군, 광해군, 장희빈, 민비를 둘러싼 숱한 음모와 술수들―을 울다 못해 눈이 뻘개지면서도 즐겨 보았다.

그것도 지금같이 자기네 안방에서 편하게 볼 수 있는 것이 아니라 서둘러 집안일 마치고 나서 동네에 몇 안 되는 TV 있는 집으로 가서 그 집 식구들 눈치 봐 가며 이중으로 가슴을 졸이며 사극 보기를 즐겼던 것이다.

해서 아침에 남편 출근시키고 아이들 학교 보내고 나서 여자들이 많이 모이는 장소, 예를 들면 공중 수도 근처나 국수집 부근에서는 간밤에 보았던 사극이 뻥튀기처럼 부풀려 아낙네들의 입에서 회자되곤 했다. 그래서 간밤에 남편이 일찍 들어오거나 TV 있는 집 여자와 싸웠거나 해서 그 좋아하는 사극을 못 본 여자들은 이웃집 여자들 저마다의 각색으로 내용이 틀려진 얘기들을 들으며 고개를 갸웃거리곤 했다.

그런데 예나 지금이나 가장 큰 문제는 사람들이 사극을 보면서 그것을 사극으로 보지 않고 역사 속의 진실로 착각들을 한다는 것이다. 예를 들어 사극에서 한명회를 좋게 그리면 한명회는 졸지에 역사 속에서도 훌륭한 인물이 되는 것이고, 민비를 권력욕에 사로잡힌 여자로 부정적으로 그리면 또 졸지에 민비는 역사 속으로 사라져야 할 인물로 치부해 버리는 것이었다.

하물며 중·고등학교 때 그럭저럭 역사 —그 역사란 것도 나중에 돌이켜보면 거의 대부분이 일제의 식민사관을 그대로 답습한 교사들한테 배운 터무니없는— 를 배운 사람들도 사극을 보면 방향을 잡지 못하고 갈팡질팡하는 편인데, 역사가 무엇인지조차 제대로 배우지 못한 아주머니들이 —부끄러운 사실도 아니지만 그렇다고 자랑스러울 것도 없이 그 사람들은 바로 우리네 어머니이자 할머니들이었다— 제대로 판단을 내릴 수는 없는 일이었다. 남자들 역시 그와 크게 다르지 않다. 요즘도 사극을 보고 나온 일부 남정네들은 그 사극 속에 그려진 인물을 마치 역사 속의 인물과 똑같이 판단하는 어리석음을 범하곤 한다.

드라마는 픽션이지 결코 역사 그 자체가 될 수는 없다. 물론 사극 속의 인물들이 다 가공의 인물일 수도 없고, 개중에는 사실과 가깝게 그려지는 인물들도 있기는 하다. 그러나 결정적인 인물들은 작가의 상상력에 의해서, 드라마상의 필요에 의해서, 시청자들의 요구나 문중의 요구에 의해서, 다큐멘터리가 아닌 드라마의 어쩔 수 없는 속성상 적당히 변색이 된다. 또 그래서 TV 드라마가 흥미를 끌 수 있는 것이다. 진실은 차치하고라도 정사를 다룬 역사서나 야사를 다룬 역사서보다 픽션을 적당히 섞은 드라마가 훨씬 재미있는 것은 너무나도 당연한 일이다.

　보는 사람들이 사극과 역사를 혼동하지 말아야 하는 것도 당연하지만 사극을 너무 흥미 위주로 만들어서 시청자들을 헷갈리게 만드는 것은 제작진의 책임이다. 우리네 민주화가 아직 멀었듯이, 우리네 민도를 생각해서 그 수준에 맞는 사극을 만드는 것 역시 방송인들의 몫이다. 사극은 역사와도 다르고 영화관에서 상영하는 영화와도 다르다. 달라야 한다. 열악한 제작 환경 속에서 불철주야 애쓰는 사극 제작팀에게 성원의 박수를 보내면서도 뭔가 가슴 한구석이 찜찜한 것은 나 혼자만의 생각일까……. 가끔씩 사극을 보는 중학교 다니는 아들녀석에게 아직도 사극 보기를 권장하지 못하는 것은 무슨 연유에서일까…….

【註】
1) 歇(헐): 그치다, 멎다.
2) 長堤(장제): 긴 방죽, 둑. 堤防.
3) 草色多(초색다): 풀빛이 많다. 즉, 비를 맞아 풀이 우북한 것을 뜻하기도 하고, 새 싹의 푸른빛이 점점 짙어 감을 뜻하기도 한다.
4) 送君南浦(송군남포): 남포에서 님을 보내다. '南浦'는 대동강 남쪽의 포구 이름. 고유명사가 아니고 그저 '남쪽 포구'로 해석하기도 한다.
5) 動悲歌(동비가): 슬픈 노래가 나오다. 혹은 '매양 노래를 슬피 부른다'로도 해석 한다. 이 경우 '動'은 '매양, 늘, 걸핏하면'의 뜻.
6) 何時盡(하시진): 언제나 다 마르리.
7) 別淚(별루): 이별의 눈물.
8) 年年(연년): 해마다, 해가 갈수록.
9) 添綠波(첨록파): 푸른 물결에 (눈물을) 보태다, 더하다.

浿江曲
林悌(朝鮮)

離人日日折楊柳
折盡千枝人莫留
紅袖翠娥多少淚
烟波落日古今愁

대동강의 이별 노래
임제(조선)

이별하는 사람들 날마다 버들가지 꺾어
천 가지 다 꺾어도 가시는 님 못 잡았네
어여쁜 아가씨들이 흘린 한 많은 눈물 탓인가
안개 낀 물결지는 해도 늘 수심에 잠겨 있네

한 많은 대동강

한 많은 대동강아 변함없이 잘 있느냐

모란봉아 을밀대야 네 모양이 그립구나

철조망이 가로막혀 다시 만날 그때까지

아―소식을 물어 본다 한 많은 대동강아

대동강 부벽루야 뱃노래가 그립구나

귀에 익은 수심가를 다시 한번 불러 본다

편지 한 장 전할 길이 이다지도 없을소냐

아— 썼다가 찢어 버린 한많은 대동강아

손인호가 불러 많은 실향민들이 가슴을 후벼 파고, 눈물 흘리게 했던 노래다. 분단의 아픔만큼 더한 아픔이 또 어디 있으랴. 남녀간의 이별이나 친구와의 헤어짐도 언젠가는 다시 만날 기약이 있고, 또 그런 희망에 살기도 하지만 분단된 지 50년이 넘은 그 아픔은 누가 위로해 줄 것인가.

임제는 조선조의 시인이다. 당나라 때나 조선시대나 이별하는 사람들은 재회에의 염원 때문에 버들가지를 꺾어 정표로 주는 풍습이 있었다. 정확하게 얘기하면 당대(唐代)의 풍속을 신라·고려·조선이 이어받은 것이겠지만. 그렇게 날마다 대동강변에 나와서 떠나는 님에게 버들가지를 꺾어 보내다 보니 대동강 버드나무는 아예 민둥버들(?)이 될 지경이었다. 그래 봤자 떠나는 님을 붙잡지도 못하고, 보내는 사람은 이별이 서러워 마냥 눈물을 흘린다. 분위기가 정지상의 「송인(送人)」과 아주 흡사하다. 대동강물에 눈물이 보태져 언제 마를 것인가를 한탄하고, 강변의 버들가지를 다 꺾어도 가시는 님을 붙잡지 못한다는 하소연이, 시인들의 그런 과장스런 넋두리가 이별의 아픔을 더 잘 드러내고 있다.

【註】
1) 浿江(패강): 대동강. 부연해서 설명하자면 ①漢·魏 때는 鴨綠江의 이름. ② 隋·唐 때는 大同江의 이름. ③우리 나라에서는 禮成江·臨津江의 딴 이름.
2) 離人(이인): 헤어지는 사람, 이별하는 사람.
3) 日日(일일): 날마다, 매일같이.
4) 折楊柳(절양류): 버들을 꺾다. 중국에서도 唐代에 이별할 때 버들가지를 꺾어 정표로 삼았다.
5) 折盡千枝(절진천지): 천 가지를 꺾다. 그만큼 이별이 많았다는 얘기.
6) 人莫留(인막유): 떠나는 사람을 잡지 못하다.
7) 紅袖(홍수): 붉은 소매, 미인의 옷소매. 여자 또는 미인을 이르기도 한다.
8) 翠娥(취아): 푸를, 비취빛, 예쁠.
9) 多少淚(다소루): 많은 눈물, 눈물을 많이 흘리다.
10) 烟波(연파): 안개 낀 파도, 부옇게 흐린 물결.
11) 落日(낙일): 지는 해, 석양.
12) 古今愁(고금수): 예나 지금이나 수심에 잠기다.

제2부

술과 풍류

맨 처음 누가 술을 만들어 먹었는지는 아무도 모른다. 하지만 오랜 시간이 흐르고 흘러서 사람들은 한 가지를 터득하게 되었다. 그것도 아주 값비싼 대가를 치르고서 알게 되었다. 술은 잘 먹으면 복이 되고 만사형통이지만, 그렇지 않을 경우에는 본인은 물론이고 주위 사람들까지 다 망치게 된다. 술은 보통 사람들도 잘 마시지만 아무래도 예술가들이 풍취 있게 마시기 마련이다. 여기 술 하면 남한테 지기 싫어하는 대시인들의 작품을 싣는다. 술은 아무래도 마음이 맞는 사람들, 얘기가 통하는 사람들과 마셔야 제격이다. 거기다 이런 호방한 시들을 한두 편 읊조리면 취하지도 않고 주당들한테 인정도 받을 수 있을 것도 같은데…….

花下醉
李商隱

尋芳不覺醉流霞
依樹沉眠日已斜
客散酒醒深夜後
更持紅燭賞殘花

꽃밭에서 취해서
이상은

꽃 찾아 나섰다가 그만 모르는 사이에 유하주에 취하여
나무에 기대어 깊이 잠든 사이 해 저물었네
손님은 다 가고 술 깨고 보니 한밤중
다시 촛불 밝혀 남은 꽃 구경했네

아직 촛불을 켤 때가 아닙니다

저 재를 넘어가는 저녁 해의 엷은 광선들이 섭섭해 합니다.

어머니, 아직 촛불을 켜지 말으셔요.

그리고 나의 작은 명상의 새새끼들이

지금도 저 푸른 하늘에서 날고 있지 않습니까?

이윽고 하늘이 능금처럼 붉어질 때

그 새새끼들은 어둠과 함께 돌아온다 합니다

언덕에서는 우리의 어린 양들이 낡은 녹색 침대에 누워서

남은 햇빛을 즐기느라고 돌아오지 않고

조용한 호수 위에는 인제야 저녁 안개가 자욱히 내려오기 시작하였습니다.

그러나 어머니, 아직 촛불을 켤 때가 아닙니다

늙은 산의 고요히 명상하는 얼굴이 멀어 가지 않고

머언 숲에서는 밤이 끌고 오는 그 검은 치맛자락이

발길에 스치는 발자욱 소리도 들려오지 않습니다

멀리 있는 기인 뚝을 거쳐서 들려오던 물결 소리도 차츰차츰 멀어 갑니다

그것은 늦은 가을부터 우리 전원(田園)을 방문하는 가마귀들이

바람을 데리고 멀리 가 버린 까닭이겠습니다

시방 어머니의 등에서는 어머니의 콧노래 섞인

자장가를 듣고 싶어하는 애기의 잠덧이 있습니다

어머니 아직 촛불을 켜지 말으셔요

인제야 저 숲 너머 하늘에 작은 별이 하나 나오지 않았습니까?

지조와 고향 의식을 일관되게 시에 담았던 서정시인 신석정(辛夕汀)의 널리 알려진 시다. 촛불은 사람의 마음을 푸근하게 해준다. 과거를 생각나게 하고, 누군가를 용서하는 마음을 갖게 해주고, 그리운 사람에게 문득 편지를 쓰고 싶어하는 마음을 갖게 해준다. 우리들의 마음속에 늘 촛불이 켜져 있으면 좋겠다.

【註】
1) 尋芳(심방): 꽃을 찾다, 찾아 나서다. 尋訪. 芳草.
2) 流霞(유하): 신선이 먹는다는 전설 속의 仙酒. 마시면 不老長生한다고도 한다.
3) 倚樹(의수): 나무에 기대다. 倚支.
4) 沉眠(침면): 깊이 잠이 들다. '沉'은 '沈'과 同字.
5) 已斜(이사): 벌써 기울다.
6) 客散(객산): 손님이 다 가다, 흩어지다. 散在.
7) 酒醒(주성): 술이 깨다. 醒酒湯(성주탕: 해장국).
8) 更持紅燭(갱지홍촉): 촛불을 다시 손에 쥐다, 곧 다시 촛불을 밝히다.
9) 殘花(잔화): 남은 꽃, 아직 지지 않고 피어 있는 꽃. 殘雪.

> 題袁氏別業
> 賀知章
>
> 主人不相識
> 偶坐爲林泉
> 莫謾愁沽酒
> 囊中自有錢
>
> **원씨네 별장에서**
> 하지장
>
> 주인과는 서로 알지 못하는데
> 숲과 샘이 있는 정원이 좋아 마주 앉았네
> 부질없이 술 살 생각은 마시게
> 내 주머니에도 돈이야 있으니

공자(孔子)의 『논어』 첫 장인 학이편(學而篇) 1장에 다음과 같은 구절이 있다. '유붕자원방래, 불역낙호?(有朋自遠方來, 不亦樂乎?: 뜻을 같이하는 자 먼 곳으로부터 찾아오니 또한 즐겁지 아니한가?) 이 해석은 도올(檮杌) 김용옥(金容沃)의 풀이다.

나도 대학 1학년 때 교양국어 시간에 『논어』를 배운 적이 있다. 그 당시 배웠던 해석이 '친구가 먼 곳에서 찾아오니 또한 즐겁지 아니한가?'였다. 이 두 해석이 별 차이가 없어 보이지만 실은 커다란 차이가 있다. 한문을 조금 아는 사람이라면 '친구가 먼 곳에서 찾아오니~' 정도의 번역은 금세 할 것이다. 그것은 공자가 살던 춘추시대(春秋時代)의 역사나 공자의 학단(學團)을 모르는 사람도 할 수 있는 초보적인 풀이다.

아니, 누구나 다 아는 그런 뻔한 말을 공자가 했다고 그의 제자들이 적거나, 구술해서 나중에 『논어(論語)』라는 책에 실리게 했겠는가? 그것도 그 위대한 책의 맨 첫 장인 학이편(學而篇)에 말이다. 우리 같은 범인(凡人)들이야 멀리 떨어져 사는 친구가 시간을 내서 찾아오면 그냥 반가워서 고기나 구우면서 소줏잔을 기울일 것이다. 흰머리가 늘고, 머리숱이 적어지고, 주름살이 많아지고, 뱃살이 늘어난 친구를 보며 희희덕거리며 2차도 가고 그럴 것이다. '야, 요즘 니네 마누라 지명 방어전 해주기도 힘들지 않든?'이란 중년 남자들의 애환도 곁들여가며…….

하지만 공자는 절대 우리가 아니다. 공자가 살던 시대는 춘추시대였다. 제(齊) · 진(晉) · 초(楚) · 오(吳) · 월(越) · 송(宋) · 진(秦) · 노(魯) · 위(衛) 등의 나라들이 난립하던 시기였다. 공자는 노(魯)나라 사람이었다. 그는 자신의 포부를 펼치고자 여러 나라를 돌아다녔지만 한 번도 기용된 적이 없었다. 어느 시대고 뜻을 펴려면 자기와 같은 생각을 가진 사람이 많아야 한다. 그래서 공자에게 있어 '붕(朋)'이란 단순히 개인적 친구를 의미하는 것이 아니다. '붕(朋)'이란 '붕당(朋黨)'이요, '동문(同門)'이요, '동지(同志)'의 의미다. 이런 포괄적인 의미의 '붕(朋)'들이 큰 뜻을 위하여, 배움을 위하여, 정치적 개혁을 위하여 천지 사방에서 모여드는 것이다. '붕(朋)'은 실제로 그의 학단을 구성한 제자들이었다. 친구들이었다. 동지들이었다. 큰 뜻을 펼치기 위해서, 정치적 실현을 위하여 배움을 같이하는 '붕(朋)'들이 형성되었던 것이다.

'원방(遠方)'은 노나라 사람들만이 아니라 위나라, 송나라, 제나라 등 사방에서 몰려들었다는 뜻이다. 그러나 더 중요한 의미는 신분이나 학문적 깊이, 지방색을 가리지 않고 받아들였다는 것이다. 공자의 학단에는 수능도, 대입도, 논술도 없었다. 부러운 일이다.

【註】
1) 題(제): 어떤 장소나 그림 등을 소재로 시를 써서, 그림이나 벽에 붙이는 것. 그림의 내용과 관련이 있는 시나 글을 쓰는 것을 '題畵'라고 한다.
2) 別業(별업): 별장.
3) 偶坐(우좌): 마주 앉다.
4) 林泉(임천): 숲과 물. 이 시에서는 숲과 물이 수려한 정원.
5) 莫(막): ~하지 마라. 영어의 Not.
6) 謾(만): 부질없이.
7) 沽酒(고주): 술을 사다.
8) 囊(낭): 주머니, 자루. 背囊.

勸酒
于武陵

勸君金屈卮
滿酌不須辭
花發多風雨
人生足別離

술을 권하노니
우무릉

그대에게 이 귀한 술잔 권하노니
가득 부어도 사양하지 마시게
꽃피면 비바람이 많은 법이고
세상살이 또한 이별이 많은 법이라오

우리 나라 사람들은 참 호기심이 많다. 정말 궁금한 것이 많아서 그런지, 정이나 관심이 많아서 그런지 정도가 심할 때가 많다. 누가 무슨 사무실에 첫출근이라도 하면 하나에서 열까지 묻기가 일쑤다. 사장이나 회장이라도 회사 돌아가는 것을 잘 모를 텐데 하물며 신입사원이 어떻게 안다고 막무가내로 물어 본다. 유치원 다니는 손자, 회사에 출근한 손녀, 개인 회사에 다니는 아들도 그렇고 누가 하루 이틀 어디를 다녀와도 마치 1년 다녀온 사람한테 묻는 것같이 궁금증을 드러낸다.

　나도 마찬가지다. 요즘은 좀 덜하지만 전에는 명절 때만 되면 고역이었다. 방송국에 다닌다니까 대한민국 방송은 다 아는 줄 알고 각종 드라마에서부터 연예인 신변잡기까지 하도 물어 보는 통에 나중에는 화가 날 정도였다. 프로그램도 괜찮은 프로그램에 대해서 진정 궁금한 것이 있다면 공부를 해서라도 알려줄 텐데 사정은 전혀 그렇지가 않다. 드라마 주인공 누가 누구랑 언제 결혼하냐, 그 드라마는 왜 그렇게 질질 끄냐, 작가한테 얘기해서 누구 좀 빼라고 해라, 방송을 좀 일찍 하면 안 되냐는 등 정말 말도 안 되는 얘기를 하는 통에 고역일 때가 많았다.

　거기다 사람들은 왜 그리 단순한지, 세상 사는 데는 다들 약아 빠져서 죽어도 남한테 속지 않는 사람들이 드라마에는 왜 그리 푹 빠져서 말도 안 되는 이야기를 믿어 버리는지 도대체 이해가 가지 않았다. 하긴 그래서 드라마를 보는지도 모를 일이다. 생활이 하도 답답하니까 드라마에라도 몰두해서 일상의 근심과 걱정을 덜어낼지도…….

　그런데 남한테 피해를 주는 이유는 뭔가. 그리고 또 말도 안 되는 드라마를 보면서 끌탕을 하는 것은 또 뭔가. 드라마는 그냥 드라마로 보면 된다. 히히덕거리면서 보든 아니면 인상을 쓰고 보든 적당히 시간을 보내면 될 일이지, 드라마 보고 나서 스트레스를 받을 바에는 아예 보지 않는 것이 정신건강에도 낫다.

또 하나, TV에 나오는 연기자와 진행자는 그냥 보이는 대로 보면 된다. 아이들도 아닌 어른들이 시시콜콜 궁금해 할 것이 없다. 속된 말로 너무 많이 알면 (마음을) 다치고, 실망하게 된다. 좋은 기억으로 봤으면 그냥 그대로 넘어가면 된다. 어느 탤런트가 홈드라마에서 정 많고 푸근하게 나왔다고 해서 그 사람이 실생활에서도 꼭 그러리란 법은 없다. 어차피 TV란 것이 사람의 눈을 잠시 착각하게 해서 보여주는 매체라 다 허상인데 그 속에 나오는 인물들까지 너무 신경쓸 필요가 있을까.

제발 편하게 TV를 봐줬으면 좋겠다. 요즘 애들은 부모 생일은 몰라도 연예인 생일은 챙긴다고 뭐라 그러지 말고 어른들도 가볍게 TV를 봐 넘기자. 드라마 보느라 아내와, 남편과 대화를 제대로 나누지 못하는 어른들이 얼마나 많은가. 부끄러운 일이다. 우리가 '바담 풍' 하면서 애들한테만 '바람 풍'을 강요할 수는 없지 않는가.

【註】
1) 金屈卮(금굴치): 금으로 만든 술잔. 구부러진 손잡이가 달려 있음. '屈'은 굽다, '卮'는 술잔.
2) 滿酌(만작): 가득 따르다. 對酌.
3) 不須辭(불수사): 사양할 필요없다.
4) 花發多風雨(화발다풍우): 꽃이 피어 있을 무렵에는, 꽃샘으로 비바람이 많아 모처럼 핀 꽃도 헛되이 떨어지고 만다는 뜻으로, '인간 세상의 만사가 마음대로 되지 않음'을 비유하여 이르는 말.
5) 人生(인생): 세상사, 사람살이.
6) 足(족): 많다, 과하다, 지나치다. 充足.

> 醉醒
> 黃景仁(淸)
>
> 夢裏微聞薝蔔香
> 覺時一枕綠雲凉
> 夜來忘却掩扉臥
> 落月二峰陰上床
>
> 술에서 깨어나
> 황경인(청)
>
> 꿈속에 치자꽃 향기 살짝 코끝에 스치더니
> 깨어나니 머리맡에 한기가 서리네
> 밤 되어 사립문 거는 걸 깜박하고 잠들었던 게지
> 산봉우리 사이로 지는 달빛이 슬며시 침상 위로 올라오네

술버릇을 보면 그 사람의 인품과 직업은 물론 주력(酒歷)과 주력(酒力)까지 알아낼 수 있다. 조지훈 시인은 수필 「주도유단(酒道有段)」에서 술을 마신 연륜, 술을 같이 마신 친구, 술을 마신 기회, 술을 마신 동기, 술버릇 등을 종합하여 주도(酒道)의 단계를 18단계로 나누었다.

1. 부주(不酒: 술을 아주 못 먹진 않으나 안 먹는 사람).

2. 외주(畏酒: 술을 마시긴 마시나 술을 겁내는 사람).
3. 민주(憫酒: 마실 줄도 알고 겁내지도 않으나 취하는 것을 민망하게 여기는 사람).
4. 은주(隱酒: 마실 줄도 알고 겁내지도 않고 취할 줄도 알지만 돈이 아쉬워서 혼자 숨어 마시는 사람).
5. 상주(商酒: 마실 줄도 알고 좋아도 하면서 무슨 잇속이 있을 때만 술을 내는 사람).
6. 색주(色酒: 성생활을 위해서 술을 마시는 사람).
7. 수주(睡酒: 잠이 안 와서 술을 마시는 사람).
8. 반주(飯酒: 밥맛을 돕기 위해서 마시는 사람).
9. 학주(學酒: 술의 진경을 배우는 사람—주졸(酒卒)).
10. 애주(愛酒: 술의 취미를 맛보는 사람—주도(酒徒)).
11. 기주(嗜酒: 술의 진미에 반한 사람—주객(酒客)).
12. 탐주(耽酒: 술의 진경을 체득한 사람—주호(酒豪)).
13. 폭주(暴酒: 주도를 수련하는 사람—주광(酒狂)).
14. 장주(長酒: 주도 삼매에 든 사람—주선(酒仙)).
15. 석주(惜酒: 술을 아끼고 인정을 아끼는 사람—주현(酒賢)).
16. 낙주(樂酒: 마셔도 그만 안 마셔도 그만, 술과 더불어 유유자적하는 사람—주성(酒聖)).
17. 관주(觀酒: 술을 보고 즐거워하되 이미 마실 수는 없는 사람—주종(酒宗)).
18. 폐주(廢酒: 술로 말미암아 다른 술 세상으로 떠나게 된 사람—열반주(涅槃酒)).

바둑으로 치면 학주가 초급이요, 반주는 2급, 부주가 9급이고, 애주가 주도 초단이요, 열반주가 9단으로 명인급(名人級)이다.

【註】
1) 夢裏(몽리): 꿈속에서.
2) 微聞(미문): 어렴풋하게 듣다. 이 詩에서는 목적어가 꽃이니만큼 가볍게 맡다. 살짝 스치다 정도로 풀이하는 것이 무방할 듯하다. 하기야 花信도 있지 않은가.
3) 薝蔔(담복): 치자나무의 꽃. 빛이 희고 강렬한 향기가 있다.
4) 覺時(각시): 깨어나니, 눈을 뜨니.
5) 一枕(일침): 베개. 枕頭. 木枕.
6) 綠雲(녹운): 푸른 구름. 여자의 숱이 많고 아름다운 머리를 뜻한다.
7) 凉(양): 서늘하다. '凉'은 '涼'의 俗字. 凉風.
8) 掩扉(엄비): 사립문을 걸다, 잠그다. 柴扉.
9) 陰(음): 몰래, 슬그머니. 陰謀.
10) 上床(상상): 침상 위로. 平床. '床'은 '牀'의 俗字.

書堂飮旣, 夜復邀李尙書下馬, 月下賦
杜甫

湖月林風相如淸
殘尊下馬復同傾
久抖野鶴如雙鬢
遮莫隣鷄下五更

서당에서 술을 마시고, 밤에 다시 이상서를 맞아 말에서 내리게 해서 달밤에 시를 짓노라
두보

호수의 달과 숲의 바람이 서로 어울려서 맑은데
말에서 내려 남은 술을 다시 함께 기울이네
양쪽 귀밑머리가 학처럼 허옇게 된 것도 오랫동안 내버려 두었는데
이웃집 닭이 새벽을 알리든 무슨 상관 있으리

고대부터 중국의 시간 개념은 '십간(十干)'과 '십이지(十二支)'로 이루어져 왔다. 10간은 남성적인 것 혹은 본질적인 것으로, 12지와 함께 구성되는 육십갑자(六十甲子)의 머리 쪽에 붙인다. 갑(甲)·을(乙)·병(丙)·정(丁)·무(戊)·기(己)·경(庚)·신(辛)·임(壬)·계(癸)로 구성된다. 12지는 자(子)·축(丑)·인(寅)·묘(卯)·진(辰)·사(巳)·오(午)·미(未)·신(申)·

유(酉)·술(戌)·해(亥)로 구성된다. 12지는 각각 상징하는 동물이 있으니 순서대로 서(鼠: 쥐)·우(牛: 황소)·호(虎: 호랑이)·토(兎: 토끼)·용(龍: 용)·사(巳: 뱀)·마(馬: 말)·양(羊: 양)·후(侯: 원숭이)·계(鷄: 닭)·견(犬: 개)·돈(豚: 돼지) 등이며, 우리가 흔히 말하는 '띠'가 바로 이것이다.

이 둘이 결합하여 육십갑자가 이루어진다. 그래서 시간, 일자, 달, 연도를 표시하는 데 사용된다. 즉 갑자, 을축, 병인…… 식으로 결합하여 모두 60개로 이루어지는 하나의 주기가 생긴다. 그래서 한 바퀴 빙 돌고 새로운 주기를 맞이하는 것을 '회갑(回甲)'이라고 한다.

이 방법을 날짜에 응용한 것은 기원전 2,700년경인 중국의 요(堯)시대까지 거슬러 올라가며, 이 갑자를 햇수를 세는 데 사용한 것은 한(漢)나라 때에 이르러서라고 한다. 이 주기에 해당하는 글자들은 중국뿐 아니라 우리 나라의 점복술에서도 매우 중요한 위치를 차지하였는데, 그것은 이 글자들이 진행되는 순서에 따라 각종 영향력을 행사하는 오행의 요소들과 깊은 관련이 있다고 믿었기 때문이다.

하루 24시간은 밤 11시부터 1시까지의 '자시(子時)'를 시작으로 밤 9시부터 11시까지의 '해시(亥時)'로 연결된다. 그 가운데 아침

9시부터 11시까지의 사시(巳時)를 상오(上午)라고 하고, 오시(午時)를 정오(正午)라고 하며, 미시(未時)를 하오(下午)라고도 한다. 그리고 저녁 7시에서 9시까지의 술시(戌時)를 초경(初更)으로 하여 이경(二更), 삼경(三更), 사경(四更), 마지막으로 오전 3시에서 5시까지의 인시(寅時)를 오경(五更)으로 나누기도 했다.

【註】
1) 飮旣(음기): 마시기를 끝냈다, 마시고 나서. '旣'는 완료를 나타내는 동사.
2) 邀(요): 맞다, 기다리다, 부르다.
3) 李尙書(이상서): '李'는 姓, '尙書'는 관직명. 본명은 李之芳.
4) 月下賦(월하부): 달빛 아래서 詩歌를 짓다.
5) 殘尊(잔준): 술이 아직 남아 있는 술병. '尊'은 '樽'과 같다.
6) 復同傾(부동경): 함께 다시 술잔을 기울이다.
7) 久拌(구반): 오랫동안 내버려 두다, 버리다.
8) 如雙鬢(여쌍빈): 양쪽 귀밑머리같이.
9) 遮莫(차막): 이 이상 어찌되든 될 대로 되라. 그렇다 하더라도. 그렇다면. 唐代 이래의 俗語.
10) 下五更(하오경): 오경을 알리다. '五更'은 새벽 4시를 전후한 시간.

> 宴城東莊
> 崔敏童
>
> 一年始有一年春
> 白歲曾無白歲人
> 能向花前幾回醉
> 十千沽酒莫辭貧
>
> **장안성 동쪽 별장에서 잔치하며**
> 최민동
>
> 한 해는 일 년마다 오는 봄부터 시작된다
> 인생 백 년이라지만 백 세 산 사람은 일찍이 없었네
> 꽃 앞에서 취할 수 있는 때가 몇 번이나 되겠는가
> 가난을 핑계대지 말고 있는 대로 술 사시게나

술은 백약(百藥) 중의 으뜸으로 일컬어지는 만큼 원시시대부터 최상의 음료로 여겨져 왔다. 사람뿐만 아니라 원숭이까지도 술맛을 즐겨, 중국의 사천(四川)이나 운남(雲南) 지방의 산지에서는 '호손주(猢猻酒)' 또는 '후아주(猴兒酒)'라고 불리는 '원주(猿酒)'가 전해진다. 이것은 산지 사람들이 원숭이를 속이고 술을 가로채어 마시던 풍습에서 유래되었다고 한다. 입으로 씹어서 술을 만드는 전통은 이 원주의 요령을 활용한 것이었

는지도 모른다.

중국의 술은 백주(소주), 황주, 과일주, 약주 등으로 나뉜다. 인민공화국 수립 후에 개최된 전국 술 품평회에서 선정된 8대 명주 가운데 네 개가 백주였다는 사실에서도 잘 알 수 있듯이, 중국인들은 일반적으로 백주를 즐겨 마신다. 8대 명주 가운데 백주는 귀주(貴州)의 모태주(茅台酒), 산서(山西)의 분주(汾酒), 섬서(陝西)의 서봉주(西鳳酒), 사천(四川) 노주(盧州)의 대국주(大麴酒)이며, 그 밖에 절강(浙江)의 소흥주, 산동(山東) 연대(煙臺)의 적포도주, 그리고 금장(金獎) 브랜디 등이 있다. 황주의 원료는 찹쌀로 남방인이 즐기며, 백주의 원료는 조나 수수로 북방인이 즐겨 마신다.

역사를 돌이켜보면 역시 시인들이 술과 깊은 관계를 맺고 있음을 알 수 있다. 동진(東晉)의 시인 도연명은 술에 관한 작품을 많이 남겼는데, 지금까지 전해지는 작품 130여 수 가운데 절반 가량이 술과 관련이 있는 작품이다. 당대(唐代)의 시선(詩仙) 이백(李白)의 시 1,050여 수 가운데 170여 수가 술에 관한 것이고, 더욱이 같은 시대 시성(詩聖) 두보(杜甫)의 경우 1,400여 수 가운데 무려 300여 편이 술과 관련이 있을 정도이다.

특히 두보의 작품 중에는 그 당시 술을 좋아하는 여덟 사람의 선비를 골라 그들이 세속적인 굴레를 벗어나 자유 분방한 태도로 세상을 살아가는 모습을 그린「음중팔선가(飮中八仙歌, 술 취한 여덟 신선의 노래)」라는 유명한 시가 있다. 여덟 신선은 하지장(賀知章), 여양(汝陽: 여양왕(汝陽王) 이진(李璡)), 이적지(李適之), 최종지(崔宗之), 소진(蘇晋), 이백(李白), 장욱(張旭), 초수(焦遂)를 가리킨다. 이 시를 읽노라면 등장하는 팔선(八仙)의 취한 모습이 떠올라 절로 웃음이 인다. 한편으로는 그렇게 술에 탐닉할 수밖에 없었던 그들의 천재성을 몰라준 세상이 원망스럽기도 하고, 시류에 잘 어울리지 못하여 울분 속에 살았던 그들의 삶이 안타깝기만 하다. 술에 관심이 많으신 분들은「음중팔선가(飮中八仙歌)」를 꼭 한번 읽어 보라고 권해 드리고 싶다.

【註】
1) 城東莊(성동장): 長安城 동쪽 근교에 있는 별장. 작자와 형 최혜동이 초대되어 간 어느 高官의 별장.
2) 曾無(증무): 일찍이 없었다, 별로 없었다.
3) 能向花前(능향화전): 능히 꽃 앞에서 ~할 수 있겠는가?
4) 沽酒(고주): 술을 사다.
5) 莫辭貧(막사빈): 가난을 핑계삼지 말라, 가난하다고 사양하지 말라.

> 奉和同前
> 崔惠童
>
> 一月主人笑幾回
> 相逢相値且銜杯
> 眼看春色如流水
> 今日殘花昨日開
>
> **앞 시에 답해서**
> 최혜동
>
> 한 달에 주인은 몇 번이나 웃으시는지요
> 서로 만났으니 또 한 잔 하십시다
> 눈에 보이는 봄 경치는 흐르는 물과도 같아
> 오늘 시든 꽃은 바로 어제 피었던 꽃이라오

'소문만복래(笑門萬福來)'라는 말도 있고, '일소일소 일노일노(一笑一少 一怒一老)'라는 말도 있다. 웃으면 정신건강에도 좋고 신체건강에도 주위에서도 좋아하는 것을 다 알지만 그게 잘 실천이 안 된다. 특히나 한국사람들은 유난히 인사를 하거나 남한테 미소짓는 것에 아주 인색하다.

아파트 엘리베이터 안에서 예쁜 꼬마 머리를 쓰다듬어 주면 애한테나 엄마한테나 이상한 아저씨로 오해받기 십상이고, 이웃집 사람들한테 먼저 인사를 하면 정신병자 취급받기 일쑤다.

어디 인사뿐인가. 외국에서는 문을 열다가 뒤에 누가 오면 먼저 들어가라고 잠시 기다려 주는데, 우리는 뒤에 누가 오건말건 쑥 열고 들어가 자칫 방심하면 닫히는 문에 부딪히기 다반사다. 전철이건 버스건 엘리베이터건 문만 열렸다 하면 안에 있는 사람들이 내리기도 전에 우르르 몰려들어온다. 인사성도 없고 예의도 없다. 나만 급하고, 나만 편하면 되고, 나만이 우선이다. 인사성이 없으니까 자연히 예의도, 예절도, 공중도덕도 없는 것이다.

주위를 살펴보면 매사에 진취적이고, 적극적이고, 남보다 한 걸음 앞서 있는 사람들은 거의 예외없이 인사를 잘 하고, 남을 배려한다. 애들도 보면 어른한테 인사 잘 하는 아이들이 공부도 잘 하고 운동도 잘 한다. 그런 아이들이 귀여움도 받고, 용돈도 잘 얻어 쓴다. 인생은 그런 것이다. 한만큼, 애쓴 만큼, 노력한 만큼 돌아온다. 인생에는 절대 공짜가 없다.

생활이 어려울수록 웃기가 쉽지 않다. 하기야 그 혹독한 일제시대를 거치고, 6·25 사변을 겪으면서 오죽 고생을 했던가. 늘 쪼들리고 끌려가고 죽는 마당에 웃음이 나오지 않는 것은 당연하다. 그렇다 치더라도, 살기 힘들었던 1980년대 초까지는 이해를 한다손 치더라도 그후는 어떻게 설명할 것인가. 분명 우리 자신들한테도 문제가 있는 것은 사실이다. 그러니 대한민국에서 제일 힘든 직업이 코미디언, 개그맨이 아닌가. 그렇게 잘 웃지 않는 사람들을 억지로 웃기려니 넘어지고, 자빠지고, 인상을 쓰고, 팔다리를 다 써 가며 괴성까지 질러대는 것이 아닌가.

그래도 요즘은 많이 나아졌다. 가벼운 슬랩스틱 코미디에도 웃고, 말로 주고받는 유머에도 웃고, 좀 어렵다 싶은 하이 개그―이런 표현이 맞는지는 모르겠지만―에도 슬그머니 웃는다. 반가운 현상이다. 정신건강도 나아졌고, 생활도 그만큼 나아졌다는 증거다. 착한 사람들, 마음이 맑은 사람들, 욕심이 없는 사람들, 세속에 때묻지 않은 사람들, 겸손한 사람들이 잘 웃는다. 실없이 웃는다. 슬그머니 웃는다. 남들이 봐도 기분 좋게 웃는다.

요즘 애들은 잘 먹이고, 잘 입혀서 그런지 잘 웃는다. 우리 집 꼬마도 잘 웃는다. 같이 TV를 보고, 라디오를 들어도 나와 아내보다 잘 웃는다. 그래서 애 하나는 잘 키웠나 싶다. 웃고 싶다.

【註】
1) 奉和(봉화): 자신보다 높은 사람의 詩에 和答하는 것.
2) 同前(동전): '앞의 詩와 같은 題目으로'의 뜻.
3) 相値(상치): 서로 만나다. 値遇(치우: 서로 만남).
4) 且銜杯(차함배): 또 한 잔 마시다. 우선 한 잔 마시다.
5) 眼看(안간): 눈에 보이다.
6) 昨日(작일): 어제. 昨年.

自遣
李白

對酒不覺暝
洛花盈我衣
醉起步溪月
鳥還人亦稀

내 마음은
이백

술과 마주하다 보니 해 저문 줄도 모르고
떨어진 꽃잎 옷깃에 가득하네
취해 일어나 달이 잠긴 시냇가를 걷자니
새들은 돌아가고 사람 또한 발길이 뜸하구나

내 마음

내 마음은 호수요 그대 노저어오

나는 그대의 흰 그림자를 안고

옥같이 그대의 뱃전에 부서지리다

내 마음은 촛불이요 그대 저 문을 닫아 주오

나는 그대의 비단 옷자락에 떨며

고요히 최후의 한방울도 남김없이 타오리다

내 마음은 나그네요 그대 피리 불어 주오

나는 달 아래 귀를 기울이며

호젓이 나의 밤을 새오리다

내 마음은 낙엽이오

잠깐 그대의 뜰에 머무르게 하오

이제 바람이 불면 나는 또 나그네같이

외로이 그대를 떠나가리다

김동명 작사, 김동진 작곡으로 많은 사람들이 애창하는 가곡이다.

사람은 누구나 비밀이 있다. 서너 살짜리 꼬마도 엄마한테 말하지 못할 비밀이 있는 법이고, 인생을 다 산 팔순 노인도 부인이나 친구, 자식한테도 차마 얘기하지 못할 비밀이 있는 법이다. 세상이 복잡다단해질수록 개인한테는 비밀이 늘어나기 마련이다. 왼손이 하는 일을 오른손이 모르게 하라는 말처럼 굳이 남한테 밝히지 않아도 좋을 선의의 거짓말이 있는 반면에, 차마 남한테 밝히기 어려운 부끄럽고 수치스러운 비밀도 있다.

성적이 안 나와서 부모님 몰래 성적표에 도장을 찍어 가는 비밀도 있고, 아내나 남편 몰래 약간의 비자금을 마련하는 비밀도 있고, 순간적으로 남의 물건을 슬쩍 하는 비밀도 있고, 주차장에서 차를 빼면서 남의 차를 슬쩍 긁고 슬그머니 내빼는 비밀도 있고, 식당에서 계산할 때 주인이 미처 계산하지 못한 돈을 모른 체하고 나오는 비밀도 있다.

애교적이고 사소한 비밀은 그런 대로 봐줄 만한데 상습적이고 악의적이고 지능적인 비밀은 위험하다. 자신한테도 위험하고 주위 사람들한테도 위험하다. 그런 비밀을 혼자 간직하고 산다는 것은 정신건강에 치명적이다.

쉽지 않은 일이겠지만 가끔씩은 가까운 사람들한테 속내를 드러내는 것이 좋다. 우리 모두 '자견(自遣)' 하는 사회가 되었으면 좋겠다.

【註】
1) 自遣(자견): 속마음을 드러내다. 속내를 풀다. '遣' 에는 '풀다, 달래다' 의 뜻이 있다.
2) 對酒(대주): 술을 마주하다. 술을 마시다.
3) 暝(명): 어둡다. 해가 지다.
4) 盈(영): 차다. 가득 차 넘치다.
5) 醉起(취기): 취해서 일어나다.
6) 溪月(계월): 달이 잠긴 시냇가. 달이 비치는 계곡물.
7) 鳥還(조환): 새들도 돌아가다. 둥지로 돌아가다.
8) 稀(희): 드물다. 성기다. 적다. 稀薄.

> 山中與幽人對酌
> 李白
>
> 兩人對酌山花開
> 一杯一杯復一杯
> 我醉欲眠卿且去
> 明朝有意抱琴來
>
> **산중에서 처사와 술을 마시며**
> 이백
>
> 둘이 마주 앉아 술을 마시는데 때마침 산에 꽃이 피니
> 한 잔 한 잔 또 한 잔이로다
> 나 취하여 졸리우니 그대 먼저 가시게나
> 내일 아침 생각 있으면 거문고나 안고 오시게

한시를 읽다 보면 비슷한 뜻을 가진 단어들이 자주 나온다. 쓰는 사람의 취향에 따라 낱말도 비슷한 것 같으면서도 크게 차이가 나는 경우가 많다. 서정적인 시를 쓰는 시인은 아무래도 감각이 있는 낱말을 쓰는 경우가 많고, 조국이나 백성을 걱정하는 시에서는 무거운 시어가 자주 등장하고, 속세를 떠나 유유자적하는 생활을 읊은 시에서는 아무래도 여유와 초탈이 엿보이게 마련이다.

'유(幽)' 자(字)가 들어가는 한자는 언제나 쉽사리 설명할 수가 없다. 매번 옥편이나 국어사전을 천천히 들여다봐야 그 뜻을 알 수가 있다. 유인(幽人)은 세상을 피하여 숨어 사는 사람을 뜻하고, 유거(幽居)·유은(幽隱)은 그렇게 사는 상태를 말한다. 비슷한 분위기의 시에 자주 등장하는 은군자(隱君子)·은인(隱人)·은자(隱者) 등은 유인과 뜻이 통한다. 은일(隱逸)은 유거와 같다.

또 동의어 비슷하게 쓰이는 말로는 거사(居士)와 처사(處士)가 있다. 거사는 재덕을 겸비하였으나 벼슬을 하지 아니하는 선비를 말하고 후세에 흔히 호(號)에 쓰게 되었다. 불교에서는 출가하지 아니하면서 불도(佛道)를 믿는 사람을 말하기도 한다.

흔히들 부부간에 사이가 좋을 때 금슬(琴瑟)이 좋다고 한다. 금(琴)이야 거문고를 말하는 것이니까 다 아는 것이고, 슬(瑟)은 과연 무엇인가. 옥편에 보면 그냥 '큰 거문고 슬' 정도로만 나와 있다. 슬은 거문고에 가까운 고대 현악기를 말하는데 다음과 같은 기록이 있다.

기원전 279년 진(秦)나라와 조(趙)나라가 회합을 가지게 되었는데 '진 소양왕 28년 가을 吉日. 진나라 왕과 조나라 왕이 민지에서 회합해 진나라 왕이 조나라 왕에게 슬을 탈 것을 명하다' 는 대목이 있는 걸로 봐서 이미 전국시대(戰國時代)에도 슬이라는 악기가 있었다는 것을 알 수 있다. '금(琴)'은 1·5·7현(絃), '슬(瑟)'은 15·25·50현(絃) 등이 있다는 기록도 있어, 슬이 소리나 기능 면에서는 금보다 조잡했지만 크기는 훨씬 더 컸던 것으로 여겨진다.

'슬슬(瑟瑟)'에는 여러 가지 뜻이 있는데 주옥(珠玉)의 이름, 바람 소리, 쓸쓸한 빛깔 또는 푸른 빛깔을 나타내기도 한다.

【註】
1) 與(여): 더불어, 같이. 與民同樂(여민동락: 임금이 백성과 더불어 함께 즐김).
2) 幽人(유인): 속세를 떠나 은거하는 사람, 세상을 피하여 숨어 사는 사람. 隱者.
3) 欲眠(욕면): 자고 싶어하다. 欲求.
4) 卿(경): 성인 남자들 사이에서 상대방을 높여 부르는 말.
5) 且去(차거): 다른 일은 제쳐 두고 우선 가다. 且置.
6) 有意(유의): 생각이 있다, 뜻이 있다.
7) 抱琴來(포금래): 거문고를 안고 오다. 抱擁.

> 哭宣城善釀紀叟
> 李白
>
> 紀叟黃泉裏
> 還應釀老春
> 夜臺無李白
> 沽酒與何人
>
> 술할아버지 기수를 애도하며
> 이백
>
> 기씨 할아버지께서는 저승에서도
> 응당 다시금 좋은 술 빚고 계시리라
> 그런데 저승에는 술 좋아하는 이백이 없으니
> 빚은 술 누구에게 파시려나?

우리가 저승에 가면 만나게 될 사람이 참으로 많을 것이다. 연애하는 Casanova를 만나고, 물 파는 김 선달을 만나고, 술 마시는 이백을 만나고, 차 마시는 김현승을 만나고, 영화 찍는 Chaplin도 만나고, 그림 그리는 Gogh도 만나고, 작곡하는 Beethoven도 만나고, 강의하는 공자도 만나고, 노래 부르는 Callas도 만날 것이다.

각설하고 이백이 잠시 착각을 한 것이 있다. 기씨 할아버지가 정말 맛있는 술을 빚는다면 저승에는 응당 누군가 마실 사람이 있다. 다름 아닌 도연명이다. 그는 「음주(飮酒)」라는 연작시를 20여 수 쓸 만큼 술을 아주 좋아했다. 그 중 '채국동리하 유연견남산(彩菊東籬下 悠然見南山: 동쪽 울타리에서 국화를 따며 멀리 남산을 바라본다)'는 대목이 들어 있는 제5수가 제일 유명하다.

그는 술에 대해서라면 둘째 가라면 서러워할 정도였다. 그러나 워낙에 살림이 빈궁하여 항상 마실 수는 없었다. 그래서 친척과 친구들은 이런 사정을 잘 알고 있었기에 술이 생기면 꼭 그를 불렀다. 그럴 때면 마다 않고 달려가 취해 쓰러질 때까지 마셨다고 한다. 하지만 관료들이 사주는 술이나 그들의 도움은 절대 사양했다.

그러나 친구의 도움은 거절하지 않았다. 시인 안연지(顔延之)는 당시 관리로 지내면서 도연명과 자주 어울렸는데 그의 사정을 딱하게 여긴 나머지 어느 날 상당한 거금을 놓고 돌아갔다. 그러자 도연명은 그 돈을 아예 술집에 가져다 주었다. 그후로는 한동안 일일이 술값을 치르지 않고도 술을 마실 수 있게 된 것은 물론이다.

도연명은 이백보다 400여 년 전 사람이다. 그러니 이백에게 술을 팔던 기씨가 저승으로 오자 제일 반가워했을 것이다. '아이구, 내 새끼, 어제 갔다가 이제 왔니? 진작에 좀 오지 않고' 하면서. 저승에서도 이승처럼 돈을 받고 술을 팔지 모르겠지만, 팔면 또 전같이 친구들이 사줄 것이고 그렇지 않으면 마냥 먹으면 될 것이니 이 어찌 '별유천지비인간(別有天地非人間)'이 아닌가.

해서 이백이 저승으로 갈 때쯤이면 기씨 할아버지가 빚은 술은 아마 거덜나 있었을 것이다. 빚어도 빚어도 도연명 일당이 마셔대는 술을 어찌 다 당할 것인가. 기씨는 속으로 '에이구, 저승에 와서도 이 고생을 해야 하다니……. 태백아, 빨리 오너라, 이 형님 힘들어 죽겠다' 고 했을지도 모른다.

【註】
1) 哭(곡): 울다, 곡하다. 애도하다. 哭聲.
2) 宣城(선성): 지명.
3) 善釀(선양): 술을 잘 빚음, 좋은 술을 빚음. 釀造.
4) 紀叟(기수): '紀'는 姓, '叟'는 노인. 기씨 할아버지. 釣叟.
5) 黃泉裏(황천리): 황천에서도, 저승에서도.
6) 還(환): 또, 다시, 재차.
7) 應(응): 마땅히, 응당, 당연히.
8) 老春(노춘): 술 이름. 唐代에는 좋은 술 이름에는 '春' 자가 많이 쓰였다.
9) 夜臺(야대): 무덤, 저승세계.
10) 沽酒(고주): 술을 팔다. '沽'는 '賈'와 같다.
11) 與何人(여하인): 누구와 더불어, 누구에게.

> 送春詞
> 王維
>
> 日日人空老
> 年年春更歸
> 相歡有尊酒
> 不用惜花飛
>
> **봄을 보내며**
> 왕유
>
> 사람은 날마다 부질없이 늙는데
> 봄은 해마다 돌아오네
> 술단지에 술 있으니 서로 즐기면서
> 꽃이 진다고 섭섭해 할 것 없네

외국 사람들이 우리 나라에 와서 제일 질색하고 놀라는 것이 바로 술잔 돌리는 것이다. 그런데 알고 보면 음식도 그렇고 술도 그렇고 나라마다 독특한 풍속이 있어서 그다지 놀랄 것도 아니다. 술은 쉽게 독작(獨酌)과 수작(酬酌)으로 나눌 수 있다. 독작은 말 그대로 혼자 술을 마시는 것을 뜻한다. 혼자 마시거나 잔을 돌리지 않고 마시는 것이 바로 독작이다. 이에 반해서 수작은 술잔을 주고받는 것을 말한다. 술잔 하나로 돌릴 수도 있고, 서로의 잔을 상대방과 주고받을 수도 있다. 이게 바로 수작이다.

예전 1960~70년대 간첩들이 자수를 하거나 체포를 당하면 일정 기간 세뇌교육을 받은 뒤 학교나 여러 단체에 강연을 다니면서 자유민주주의의 우월성을 역설하고 다닌 적이 있었다. 그 당시 그런 부류의 강사들이 우스갯소리로 자주 써먹었던 것이 '남한에는 왜 그리 대포·왕대포집이 많은지 모르겠다, 집집마다 대포가 있는 것 같아서 겁이 났다, 그래서 자수했다'는 웃지 못할 얘기였다. 철없던 그 당시에는 그 얘기를 듣고 웃었지만 지금 생각하면 지극히 유치한 발상과 치졸한 교육 끝에 나온 얘기밖에 되지 않는다.

정말이지 그 당시 술집마다 색색가지의 천 조각이나 유리문이나 나무문에 대포, 왕대포, 안주 일절…… 등등의 말들이 적혀 있었다. 가난한 가운데서도 남정네들은 끼리끼리 어울려서 술을 먹었다. 어린 우리들이야 영문도 모른 채 지나칠 수밖에 없었고, 우리가 커서 술을 마실 나이가 되기도 전에 대포와 왕대포란 말들은 술집에서 자취를 감추었다. 그래서 그런 낱말들을 까맣게 잊고 있었는데 나중에 술에 관한 문헌을 뒤적이다가 그 용어에 대한 풀이를 볼 수 있었다.

대포는 한자로 '대포(大匏)'로 쓰는데, '포(匏)'는 '박·바가지

포'로 말 그대로 '큰 바가지'를 의미한다. 이것은 여러 사람이 한 잔 술을 나누어 마시기 위해서 생겨난 것이라고 할 수 있다. 한 잔 술을 나눠 마시는 소위 '대포문화'는 다양하게 발달했는데, 옛날 각 관아마다 특정의 고유한 대포잔을 하나씩 갖고 있어 새로운 관원이 신임해 오거나, 또는 공동회의나 공회가 끝나면 서로의 이질 요소를 없애고 합심하는 뜻에서 대포잔으로 술을 나누어 마시는 관속(官俗)이 있었다. 일반인들에 있어서도 결속력의 강화를 위해 한 잔 술을 돌려 마시는 대포문화는 널리 확산되어 오늘에 이르게 되었다. 대포지교(大匏之交)는 대포를 나누어 마심으로써 서로를 이해하고 결속력을 강화시킨 우리의 수작문화를 대표한다고 볼 수 있다.

요즘은 대포 대신 냉면그릇주, 병나발 불기, 폭탄주 등과 같은 음주 행태가 세월의 변화와 함께 하고 있다. 참고로 왕대포는 대포보다 더 큰 술잔을 의미하는 것으로 요즘의 '특', '스페셜', '스페셜특'과 같은 말이다. 우리는 늘 '큰 것' 콤플렉스에 걸려 있다.

【註】
1) 日日(일일): 날마다, 날이 갈수록. 日日新又日新.
2) 空(공): 헛되이, 부질없이.
3) 年年(연년): 해마다, 해가 갈수록.
4) 相歡(상환): 서로 기뻐하다, 즐거워하다.
5) 尊(준): 술통. '樽'과 같다. '樽酒'는 술단지에 담은 술.
6) 不用(불용): ~할 것 없다.
7) 花飛(화비): 꽃이 날리다, 바람결에 떨어지다.

> 少年行
> 王維
>
> 新豊美酒斗十千
> 咸陽游俠多少年
> 相逢意氣爲君飮
> 繫馬高樓垂柳邊
>
> **호기로운 젊은이들이여**
> 왕유
>
> 신풍의 맛있는 술은 한 말에 만 전인데
> 함양의 많은 소년들 협기로 뭉쳤다네
> 기개로 만나 서로를 위해 한껏 마시세
> 말일랑은 술집 옆 버들가지 드리운 곳에 매어 두고서

　　　1960~70년대만 해도 우리 선수들은 육상, 수영, 권투, 레슬링, 유도 등 개인종목이건 구기경기건 그리고 국내에서건 해외에서건 꼭 막판에 힘이 달려 다 이긴 경기를 놓치는 경우가 많았다. 하기는 그 당시만 해도 밥도 제대로 먹지 못하는 때였으니 육류를 주식으로 하는 서구 선수들한테 뒷심 부족으로 물러나는 것이야말로 어쩌면 당연한 일인지도 몰랐다.

　　그러던 것이 상전벽해가 되어 이제는 올림픽, 아시안게임 등 굵

직굵직한 국제경기에서 우리네 사회, 경제, 정치 수준 등 다시 말해 국력에 걸맞지 않게 너무나 과분한 성적을 올리는 것이 웃을 수도, 그렇다고 울 수도 없는 냉엄한 현실이다.

물론 각종 국제경기에서 다른 나라보다 좋은 성적을 올리는 것은 마땅히 좋아해야 할 일이고, 칭찬해야 할 일이다. 하지만 또 잠시만 곱씹어 보면 그 이면에 적지않은 문제점이 내포되어 있음도 간과해서는 안 된다. 유구한 역사와 찬란한 문화유산을 지닌 서구의 선진국들은 운동경기 결과에 그다지 신경을 쓰지 않는다. 중요한 것은 그 과정이지 결과가 아니라는 것이다. 더 중요한 것은 개개인들의 생활체육 수준이 문제이지 몇몇 운동선수들의 금메달, 은메달이 문제가 아니라는, 어찌 보면 지극히 상식적인 체육관을 가지고들 있는 셈이다.

헌데 우리의 경우는 어떤가. 소위 엘리트 체육인들만이 태릉선수촌에 1년 365일 입촌해서 금메달 따기에 열중하고 있으니 따지고 보면 우리와 비슷한 국력을 지닌 다른 나라들에 비해서 뛰어난(?) 성적을 올리는 기현상이 당연한 것인지도 모른다. 솔직히 말하자면 그런 기현상은 우리네 사회의 구조적인 모순과 부조리를 단적으로 드러낸 것이라고도 할 수 있다.

각설하고 얘기가 옆으로 조금 샜지만 요즘 우리네 젊은이들을 보면 그 전 세대에 비해서 엄청나게 체위들이 좋아진 것이 사실이다. 키, 몸무게 할 것 없이 나날이 일취월장해서 몇몇 구기종목은 외국 선수들에 비해서도 별로 밀리지 않는다. 하지만 체위가 커졌다고 해서 그에 비례해 구기종목이 전보다 나은 성적을 올렸다는 소식을, 과문해서 그런지는 몰라도 들은 적이 별로 없다.

가만히 살펴보면 요즘 청소년들은 키만 껑충하니 크고, 몸집만 커졌지 기본 체력은 전에 비해서 오히려 뒷걸음질치고 있다고 볼 수 있다. 해서 전 세대에 비해 참을성, 지구력 등은 비교할 수 없을 정도로 처졌다고도 할 수 있다.

이런 우울한 현상이 일어난 데는 다른 무엇보다도 라면을 비롯한 각종 인스턴트 식품이 커다란 공헌(?)을 한 셈이다. 거기에 일조를 더한 것이 요즘의 '국적을 잃은 식생활문화'라고 할 수 있다. 아침이면 국과 밥 대신 빵 조각으로 끼니를 때우고, 점심이나 저녁은 라면이나 샌드위치로 대신하는 게 신세대식 식단인 셈이니 기본 체력이 다져질 리가 없다. 굳이 '신토불이'란 말을 들먹거리지 않아도 그 나라 사람들은 그 나라 음식을 먹고, 그 나라 토양에서 자라야 제대로 성장을 할 수가 있는 법이다. 요즘 젊은 여인네들의 체력이 갈수록 떨어지고 면역성이 없어지는 것이 바로 그놈의 '커피' 때문이라고 할 수 있다. 눈뜨고 일어나면 습관처럼 마시는 것이 커피요,

밥은 안 먹어도 커피는 마셔야 되고, 하루에도 몇 잔 이상을 마시지 않으면 유행에 둔감한 미개인 취급을 받는 양 열심히들 마셔대고, 밥을 먹으면 손가락질을 받는지 죽어라고 빵과 햄버거, 샌드위치, 피자들만 먹어댄다. 이거야말로 속된 말로 '갓 쓰고 양복 입은 꼴'이라 젊은 여성들의 체력이 보리밥 한두 그릇도 제대로 얻어먹지 못했던 어머니 세대들보다 훨씬 못한 것이 차마 인정하고 싶지 않은 슬픈 현실이다.

지금이라도 늦지 않았다. 어린이들부터 청소년들, 그리고 20대들에게 하루빨리 제대로 된 우리네 음식을 먹일 일이다. 그것이 바로 군사독재 시절부터 줄기차게 들어 왔던 '체력은 국력'이라는 대한민국의 국시(國是)에 걸맞는 일일 것이다.

【註】
1) 少年行(소년행): 樂府의 題目.
2) 新豊(신풍): 地名.
3) 美酒(미주): 맛있는 술.
4) 斗十千(두십천): 한 말에 萬錢.
5) 咸陽(함양): 원래는 秦의 도읍으로 장안에서 조금 떨어진 곳이나, 이 詩에서는 長安으로 보아도 무방하다.
6) 游俠(유협): 사나이다운 기질, 의협심. 俠客.
7) 意氣(의기): 기개, 의지와 용기, 패기.
8) 爲君飮(위군음): 그대를 위해 마시다, 상대를 위해 마시다.
9) 繫馬(계마): 말을 매다.
10) 垂柳邊(수류변): 버들가지 드리운 옆, 가장자리. 풀어서 설명하면 酒樓(중국은 예나 지금이나 술집이 2층 이상인 곳이 많다. 중국영화를 생각하시라) 옆 버들가지 드리운 곳에 말을 맨다는 뜻이다.

> 酬柳郎中春日歸楊州南郭見別之作
> 韋應物
>
> 廣陵三月花正開
> 花裏逢君醉一廻
> 南北相過殊不遠
> 暮潮歸去早潮來
>
> 유낭중의 「봄에 양주로 돌아가려고 남곽에서 작별하다」는 시에 답함
> 위응물
>
> 광릉의 삼월은 꽃이 활짝 피었으리니
> 꽃 속에서 그대와 만나 한번 취해보리라
> 남북으로 서로 다니기가 그다지 멀지 않으니
> 저녁 밀물 때 갔다가 아침 썰물 때 돌아올 수 있으리

사랑의 썰물

차가운 너의 이별의 말이 마치 날카로운 비수처럼

내 마음 깊은 곳을 찌르고 마치 말을 잃은 사람처럼

아무 말도 하지 못한 채 떠나가는 너를 지키고 있네

어느새 굵은 눈물 내려와 슬픈 내 마음 적셔 주네

다시 돌아올 수 없기에 혼자 외로울 수밖에 없어

어느새 사랑 썰물이 되어 내게서 멀리 떠나가네

기억할 수 있는 너의 모든 것 내게 새로운 의미로 다가와

너의 사랑 없인 더 하루도 견딜 수가 없을 것만 같은데

잊혀지지 않는 모습은 미소짓던 너의 그 고운 얼굴

어느새 굵은 눈물 내려와 검붉은 노을 물들였네

다시 돌아올 수 없기에 혼자 외로울 수밖에 없어

어느새 사랑 썰물이 되어 내게서 멀리 떠나가네

1990년대 실연의 상처에 몸부림치던 사람들에게 많은 위안도 되어 주고, 또다시 떠나간 사람에 대한 희미한 기억을 새록새록 피어나게 해주었던, 임지훈의 그 걸쭉하고 탁한 목소리로 불러서 더욱 어울렸던 곡이다. 나는 노래 부를 때의 임지훈의 약간은 불손스럽고, 약간은 시니컬하고, 약간은 눈을 찡그리는 그 표정이 좋다.

사랑의 썰물은 사람들이 질색을 하지만 갯벌의 썰물은 그 반대다. 요즘이야 세계적인 갯벌의 보고로 알려졌던 서해안도 간척사업이다 뭐다 해서 갯벌을 마구 훼손시키는 바람에 생태계도, 주민들

도, 놀러 가는 사람들도 다 시들해졌지만 전에는 썰물 때에 맞춰 잘만 가면 그야말로 자연학습장이요, 바다 먹거리가 지천이었다. 낙지, 게, 조개 등이 사방에 널려 있어서 술꾼들이나 주부들이나 애들이나 다들 환호성이었다.

그랬는데 이제는 그것도 다 옛날 이야기가 되었다. 이래저래 후손들은 볼 것도, 먹을것도, 추억거리도 없는 살벌하고 황량한 세상에서 살게 되었으니 참으로 애석한 일이다.

사족(蛇足) 하나 더, 비수(匕首)는 날이 날카로운 단도다. 그러니까 '역전(驛前) 앞' 과 같다.

【註】
1) 酬(수): 詩文 등을 지어 응답함. 시를 주고받는 것. 酬答.
2) 柳浪中(유낭중): '柳' 는 姓, '郎中' 은 上書省에 속하는 관직.
3) 楊州(양주): 지금의 江蘇省 양주시. 唐代에는 양주, 漢代에는 廣陵으로 불렀다.
4) 南郭(남곽): 마을을 둘러싼 성곽의 남쪽 벽. 여기서는 작자와 유낭중이 이별하는 장소인 蘇州의 남곽을 말한다.
5) 正開(정개): 만발하다, 활짝 피다.
6) 一廻(일회): 한 번. '一回' 와 같다.
7) 相過(상과): 서로 다니다, 왕래하다.
8) 殊不遠(수불원): 특별히 멀지 않다, 그다지 멀지 않다.
9) 歸去(귀거): 돌아가다, 가다.

問劉十九
白居易

綠螘新醅酒
紅泥小火爐
晚來天欲雪
能飲一杯無

유십구에게 묻노니
백거이

맛있는 술을 지금 막 걸러내고
화로는 벌겋게 달구어져 있고
저녁 되니 하늘에서는 눈까지 내리려 하니
와서 한 잔 안 하시겠는가

나그네

강(江)나루 건너서

밀밭 길을

구름에 달 가듯이

가는 나그네

길은 외줄기

남도(南道) 삼백리(三百里)

술 익는 마을마다

타는 저녁놀

구름에 달 가듯이

가는 나그네

완화삼(玩花衫)

차운산 바위 우에 하늘은 멀어

산새가 구슬피 울음 운다.

구름 흘러가는

물길은 七百里

나그네 긴 소매 꽃잎에 젖어

술 익는 강마을의 저녁노을이여.

이 밤 자면 저 마을에

꽃은 지리라.

다정하고 한 많음도 병인 양하여

달빛 아래 고요히 흔들리며 가노니……

　　　박목월(朴木月)과 조지훈(趙芝薰)
의 시다. 너무도 알려진 시들이라 새삼 설명할 것이 없지만 사족 같은 몇 마디는 해야겠다.

　필자는 고등학교 때 교과서에서「나그네」를 접하고 국어 선생님의 설명을 듣고 나서 한동안 이 시를 혐오하기까지 했다. 물론 그 선생님의 해설은 양비론적인 것이라 선택의 자유는 있었지만 '참여와 순수'의 문학논쟁에 있어 우리 또래는 늘 참여 편이었고, 더구나 일제 말 대다수 국민들은 초근목피로 연명하고 있는데 '술 익는 마을마다'가 도저히 받아들여지지 않았다. 거기다「완화삼」까지 더 배우고 나자 완전히 '으악'이었다.

대학교 1, 2학년 때까지도 '순수'는 늘 적(敵)이었다. 그러다 군대 갔다오고, 졸업하고, 직장 다니기 시작하고……, 그러다 이렇게 사십대 중반이 훌쩍 지나고 이런 시들을 가끔씩 접하게 되자 마음이 편해졌다. 실상은 이런 감정은 서른 전후에서부터였다. 시고 소설이고 그림이고 음악이고 예술작품은 역시 작품으로 봐야겠다는 생각이 들었다. 물론 적극적인 친일 예술가들은 매도해야겠지만 대다수 선량하고 힘없는 사람들까지 매도할 수는 없지 않겠는가 하는 생각마저 들었다. 내가 만일 일제시대 방송국에서 일했다면, 예술활동을 했다면 과연 그네들의 요구에 과감히 맞섰을까, 내 가족을 볼모로 했다면 얼마나 버틸 수 있었을까 하는 생각도 해봤다. 대답은 '그때 안 살아 봐서……'였다. 어느 누구도 자신 있게 대답하지 못하리라. 군사독재 31년 동안 과감히 맞선 사람이 과연 몇 사람이나 되는가.

각설하고 참다운 예술작품은 시대를 관통하면서, 초월해서 사랑받기 마련이다. 그리고 작품은 작품으로 평가해야 한다.

【註】
1) 劉十九(유십구): 白居易의 친구 劉禹錫. 十九는 排行(배항: 형제간의 서열).
2) 綠蟻(녹의): 누룩이 술독에서 발효가 되어 술이 익어 갈 즈음 표면에 여기저기 쌀알갱이만한 녹색 물거품이 생기는데 마치 개미가 기어다니는 것과 같다 해서 붙여진 이름. 綠蟻라고도 한다. 한편으로는 美酒(맛있는 술)를 뜻하기도 한다. 이 경우 綠酒(푸른빛을 띤 좋은 술)와 통한다.
3) 醅(배): 거르지 않은 술, 전내기.
4) 紅泥(홍니): '泥'는 진흙, 紅泥는 진흙으로 된 화로가 벌겋게 달구어진 상태를 말한다. 紅爐.
5) 晩來(만래): 저녁이 되니.
6) 天欲雪(천욕설): '欲'은 ~하려 하다, ~하고 싶어하다. 곧 하늘에서 눈이 막 내리려 하다.
7) 無(무): '無'가 문장 말미에 있을 때는 의문의 뜻을 지니면서 '~해도 괜찮다, 상관없다'로 풀이하면 된다.

逢舊
白居易

久別偶相逢
俱疑是夢中
即今歡樂事
放盞又成空

옛 벗을 만나
백거이

오랫동안 헤어져 있다 우연히 다시 만났거니
이것이 꿈인가 서로 의심하네
지금 이렇게 기뻐하고 즐거워하지마는
술잔 놓으면 다시 부질없이 되는 것을

옛 친구에게

이렇게 비 내리는 날엔

우산도 없이 어디론지 떠나고 싶어 비를 맞으며

옛날 작은 무대 위에서 함께 노래한

정다웠던 친구를 두고 난 떠나왔어

서로를 위한 길이라 말하며

나만의 길을 떠난 거야

지난 내 어리석음 이젠 후회해

하지만 넌 지금 어디에

이렇게 비가 내리는 밤엔

난 널 위해 기도해

아직도 나를 기억한다면 날 용서해 주오

서정적이고 약간은 토속적인 노래로 젊은 층에게 인기를 모았던 '여행스케치'의 노래다.

사람에게 추억과 향수를 불러일으키게 해주는 말들이 있다. 고향, 어머니, 외가, 초등학교, 친구……. 이런 단어들을 떠올리면 괜스레 푸근해지고 입가에 미소가 진다.

살면서 많은 친구를 만나고 사귀게 된다. 장은 묵을수록 맛있다. 친구도 마찬가지다. 오래된 친구일수록 흉허물 없이 지낸다. 무슨 양복 광고에 '일 년을 입어도 십 년을 입은 것 같고, 십 년을 입어도 일 년을 입은 것 같은 옷'이라는 표현이 있는데 오래된 친구가 바로 그렇지 않나 싶다. 오랜 친구는 오랜만에 만나도 어색하거나 쑥스럽지 않다. 만나서 그냥 씩 한번 웃으면 그 동안의 회포가 금세 풀린다. 커피를 마시면서 쉬엄쉬엄 애기를 나누고, 술 한잔 걸치면서도 띄엄띄엄 대화를 주고받아도, 가슴속에 있는 이런저런 할 말들이 다 전해진다. 그래서 혹 못다 한 얘기들이 있어도 집으로 오는 발걸음이 무겁지 않다. 굳이 말로 다 안 해도 오랜 친구는 다 알겠거니 하는 느긋함이 생기기 때문이다.

친구는 역시 어려울 때 친구가 진정한 친구다. 회사에서 실직을 하거나, 피치 못할 사정으로 이혼을 하거나, 상을 당했거나, 집안에 어려운 일이 생기면 제일 먼저 의논 상대가 되어 주고, 한걸음에 달려오는 게 바로 오랜 친구다. 군대 있을 때 꼬박 하루가 걸려야 찾아올 수 있는 그 먼길을 찾아와 주는 사람은 부모와 친구밖에는 없다. 애인은 올 수도 있고 안 올 수도 있는데 부모와 친구는 반드시 오기 마련이다. 아무리 살기 바빠도 친구들을 위한 시간과 마음의 공간을 비워 둬야 한다.

【註】
1) 久別(구별): 오랫동안 헤어지다. 久故(구고: 오랫동안 사귄 친한 벗).
2) 偶(우): 우연히, 뜻하지 않게.
3) 俱疑(구의): 함께 의심하다, 서로 괴이하게 여기다.
4) 卽今(즉금): 지금, 곧, 바로.
5) 歡樂(환락): 기뻐하고 즐거워 함, 즐거운 마음으로 놂.
6) 放盞(방잔): 잔을 놓다.
7) 成空(성공): 헛되다, 부질없이 되다, 空이 되다.

> 對酒一
> 白居易
>
> 巧拙賢愚相是非
> 何如一醉盡忘機
> 君知天地中寬窄
> 鵰鶚鸞凰各自飛
>
> 술을 마시며 1
> 백거이
>
> 솜씨 있고 없고 현명하고 어리석음을 서로 따지는데
> 술 한 번 대취해서 몽땅 잊는 게 어떨지
> 하늘과 땅 사이의 넓고 좁음을 그대는 아시는지?
> 수리, 물수리, 난새, 봉황새 다들 제멋대로 나는 세상인데

새들처럼

열린 공간 속을 가르며 달려가는 자동차와

석양에 비추인 사람들

어둠은 내려와 도시를 감싸고 나는 노래하네

눈을 떠보면 회색빛 빌딩 사이로 보이는 내 모습이

퍼붓는 소나기 세찬 바람 맞고 거리를 헤매이네

무거운 하늘 희뿌연 연기 사이로 보이는 아스팔트

답답한 도시를 떠나고 싶어도 나는 갈 수 없네

날아가는 새들 바라보면 나도 따라 날아가고 싶어

파란 하늘 아래서 자유롭게 나도 따라 가고 싶어

1980년대 후반과 1990년대 전반 감미로운 발라드로 우리 가요계를 주름잡았던 변진섭의 노래다. 회색빛 빌딩에 갇혀 사는 젊은 도시인들은 스모그에 숨막혀 하며 〈새들처럼〉을 열창했다. 하지만 그들의 옆구리에서는 끝내 날개가 돋지 않았다. 시인이자 소설가였던 이상(李箱)의 「날개」가 발표된 것이 1930년대였다. 날개 없는 인간이 날고 싶어하는 것은 영원한 딜레마다.

Alan Parker 감독의 『Birdy』(1984년 작)란 영화가 있다. 베트남전의 상처를 심약한 두 젊은이의 우정과 엮어서 그려낸 이 작품은 칸영화제에서 심사위원 대상을 받으며 앨런 파커 최고의 영화가 되었다. 어릴 때부터 새를 좋아해 날기를 꿈꾸고 그 집념에서 벗어나지 못한 한 청년과 그 친구가 베트남전을 겪으면서 갈가리 찢겨져 버린다. 정신병원에 갇힌 채 실어증에 걸려 눈 뜬 장님처럼 허공만 바라보는 주인공을, 역시 육체적으로 만신창이가 다 된 다른 친구가 천신만고 끝에 주인공을 설득해 겨우 정신이 들자 두 사람은 병원을 탈출한다는 스토리다. 병실 안에서 새가 웅크린 모습을 하고 곧 날기라도 할 듯이 창 밖을 주시하고 있는 Matthew Modine의 모습은 바로 우리들 자신의 모습이다. 더불어 친구로 나오는 Nicolas Cage가 전무후무한 연기를 보여준다.

 인간들이 그토록 날기를 원하는 것은 자유롭고 싶어하기 때문이다. 일상의 굴레에서 벗어나 훨훨 날아서 어디론가 자유의 세계로 날아가고 싶기 때문이다. 하지만 겨드랑이는 이미 퇴화했다.

【註】
1) 巧拙(교졸): 솜씨 있고 없음. 巧妙. 拙劣.
2) 賢愚(현우): 현명하고 어리석음. 賢人. 愚昧.
3) 相是非(상시비): 서로 시비를 가리다, 따지다.
4) 何如(하여): ~함이 어떨지.
5) 忘機(망기): 세속의 일을 잊음. 욕념을 잊음. '機'는 마음의 기틀. 機微(기미: 사물의 미묘한 기틀, 낌새).
6) 寬窄(관착): 넓음과 좁음, 편안함과 답답함. 廣狹.
7) 鵰鶚鸞鳳(조악난황): 수리, 물수리, 난새, 봉황새. 한편으로 '鵰鶚'은 '재력의 뛰어남'을, '鸞凰'은 '현인·군자'를 일컫는다.

對酒二
白居易

蝸牛角上爭何事
石火光中寄此身
隨富隨貧且歡樂
不開口笑是癡人

술을 마시며 2
백거이

달팽이 더듬이 위에서 무슨 일로 싸우는가?
찰나 중에 우리네 몸을 맡기고서는
부유한 대로 가난한 대로 또한 즐거우니
입을 크게 벌리고 웃지 않으면 어리석은 사람이로다

달팽이

집에 오는 길은 때론 너무 길어 나는 더욱더 지치곤 해

문을 열자마자 잠이 들었다가 깨면 아무도 없어

좁은 욕조 속에 몸을 뉘였을 때 작은 달팽이 한 마리가

내게로 다가와 작은 목소리로 속삭여 줬어

언젠가 먼 훗날에 저 넓고 거칠은 세상 끝 바다로 갈 거라고

아무도 못 봤지만 기억 속 어딘가 들리는 파도 소리 따라서
나는 영원히 갈래

모두 어딘가로 차를 달리는 길 나는 모퉁이 가게에서
담배 한 개비와 녹는 아이스크림 들고 길로 나섰어
해는 높이 떠서 나를 찌르는데 작은 달팽이 한 마리가
어느새 다가와 내게 인사하고 노랠 흥얼거렸어
내 모든 걸 바쳤지만 이젠 모두 푸른 연기처럼 산산이 흩어지고
내게 남아 있는 작은 힘을 다해 마지막 꿈속에서
모두 잊게 모두 잊게 해줄 바다를 건널 거야

지금은 각자의 길로 나섰지만 이적·김진표가 '패닉'이란 듀엣으로 활동할 때 데뷔곡이 아닌가 싶다. 철학적이고 심오한 가사를 담았는데도 불구하고 젊은 층의 인기를 모았던 곡이다. 나중에 표절이다 뭐다 해서 말이 많았지만 어쨌든 좋은 곡은 시대를 뛰어넘어 늘 호평을 받는다. 또 당대(當代)에는 별로 평가를 받지 못하다가 다음 세대에 새롭게 조명을 받는 예술작품들도 많다. 그래서 인생은 짧고 예술은 긴 법인데 우리의 경우는 어떤

가. 다른 분야는 몰라도 가수와 운동선수의 생명은 너무도 짧다. 고등학교 때 반짝하다가 대학이나 실업·프로에 와서 빛도 못 보고 뒷전으로 밀려난 선수들이 얼마나 많은가. 게다가 이십 대 중반, 기껏해야 서른만 넘어도 은퇴니 뭐니 해서 팬들의 시야에서 사라진다.

가요계도 마찬가지다. 노래 한 곡으로 환호를 받았다가 금세 무대 위에서 사라지는 가수가 일 년에 몇 명인지 모른다. 너무 조급해 하고, 또 너무 쉽게 조로(早老)하는 것이 우리네 스포츠와 가요의 실상이다. 정치판도 이랬으면 좋으련만…….

【註】
1) 蝸牛角上爭(와우각상쟁): 달팽이의 더듬이 위에서 싸운다는 뜻으로, '작은 나라끼리 싸우거나 하찮은 일로 싸우는 것'을 비유하여 이르는 말. '蝸牛'는 달팽이. 『莊子』「則陽」篇에 달팽이 왼쪽 더듬이 위에 사는 觸氏와 오른쪽 더듬이 위에 사는 蠻氏 두 부족이 싸우는 寓話가 있다.
2) 石火光(석화광): 돌과 돌이 부딪힐 때 번쩍하고 나타나는 불빛. 아주 짧은 순간을 뜻한다.
3) 寄此身(기차신): 이 몸을 맡기다. 위임하다. 기탁하다.
4) 隨富隨貧(수부수빈): 부유한 대로, 가난한 대로.
5) 且(차): 또, 또한. 重且大.
6) 癡人(치인): 어리석은 사람. 白癡.

飮酒看牡丹
劉禹錫

今日花前飮
甘心醉數杯
但愁花有語
不爲老人開

술을 마시며 모란꽃을 바라보니
유우석

오늘 꽃 앞에서 술을 마시니
기분 좋아 몇 잔 술에도 취하네
단지 근심이 있다면 꽃도 할 말이 있다는 것인데
노인들을 위해서 핀 것이 아니오라는

모란이 피기까지는

모란이 피기까지는

나는 아직 나의 봄을 기다리고 있을 테요

모란이 뚝뚝 떨어져버린 날

나는 비로소 봄을 여읜 설움에 잠길 테요

오월 어느 날, 그 하루 무덥던 날

떨어져 누운 꽃잎마저 시들어 버리고는

천지에 모란은 자취도 없어지고

뻗쳐 오르던 내 보람 서운케 무너졌느니

모란이 지고 말면 그뿐, 내 한 해는 다 가고 말아

삼백 예순 날 하냥 섭섭해 우옵네다

모란이 피기까지는

나는 아직 기다리고 있을 테요, 찬란한 슬픔의 봄을.

김영랑 시인의 그 유명한 시다. 고등학교 다닐 때 학교에서건 집에서건 제일 많이 듣는 소리가 '공부 열심히 해라', '길 조심해라', '여학생 사귀지 마라' 였다. 공부는 대충하다 말다 하면 되었고, 길 조심이야 우리 또래의 꿈이 대학 가서 연애 한번 폼나게 해보는 거였기에 오래 살려면 당연히 해야 했기에 별 문제가 없었지만 그놈의 '여학생 사귀지 마라'는 영 밥맛이었다. 그렇다고 주눅들 우리도 아니었다. 툭하면 학교에서, 집에서 소지품 검사를 해서 연애편지라도 나오면 초상날이었지만 재주 좋은 친구들은 아랑곳하지 않았다. 지금같이 남녀공학이 흔할 때가 아니라 여학생들을 접할 기회가 많지는 않았지만 그래도 제과점, 만두가게, 튀김집 등에서 열심히 만나고 다녔다. 그 바닥은 그야말로 빈익빈 부익부가 철저히 지켜지는 세계였다. 없는 놈들은 3년 동안 여학생 한번 못 만나 본 친구들도 있었지만, 능력 있는 친구들은 한 달이 무섭게 상대를 바꾸고는 했다.

그 당시 우리 또래의 남학생들이 많이 외우던 시가 바로 이「모란이 피기까지는」이었다. 수업 시간에는 '모란이 피기까지'를 '조국의 독립이나 해방'으로 배웠지만 우리는 '모란'과 '여학생'을 바꿔서 외우곤 했다. 해서 '빈자'들은 '여학생이 오기까지는'으로, '부자'들은 '여학생이 떠나고 나면'으로 바꿔서 읊조리곤 했다.

중년의 나이가 된 이제는 무슨 단어로 바꿔서 외워야 할지 모르겠다. 하기는 전화번호도 잘 못 외우는데 시 외울 정신이 있을지 모르겠다.

【註】
1) 牡丹(모란): 관상용으로 재배하는데, 잎은 크며 늦은 봄에 여러 겹의 붉고 큰 꽃이 핌. '꽃 중의 왕'으로 불리며 '牧丹'으로 쓰기도 한다.
2) 甘心(감심): 뜻대로 함, 그런 대로 만족히 여김. 甘雨.
3) 但愁(단수): 단지 근심이 있다면, 다만 걱정이 있다면.
4) 花有語(화유어): 꽃에게도 말이 있다. 꽃도 할 말이 있다.
5) 不爲老人開(불위노인개): 노인들을 위해서 핀 것이 아니다. 꽃은 누구를 위해서 피지 않는 법. 다만 대자연의 순리로 피었다 지는 법이다.

> 西村
> 郭祥正(宋)
>
> 遠近皆僧刹
> 西村八九家
> 得魚無賣處
> 沽酒入蘆花
>
> 어느 외진 마을
> 곽상정(송)
>
> 가까이 멀리 모두 스님과 절뿐
> 마을이래야 고작 여덟아홉 집
> 잡은 물고기 팔 곳도 없어
> 술이나 사 들고 갈대꽃 숲으로 들어가네

장진주사(將進酒辭)

한 잔 먹세그려, 또 한 잔 먹세그려

꽃 꺾어 셈하면서 무진무진 먹세그려

이 몸 죽은 후에

지게 위에 거적 덮어 졸라매어 지고 가나

화려한 꽃상여에 만인이 울며 가나

억새, 속새, 떡갈나무, 백양 속에 가기만 하면

누른 해, 흰 달, 가는 비, 굵은 눈, 쌀쌀한 바람 불 때

누가 한 잔 먹자 할꼬

하물며 무덤 위에 원숭이 휘파람 불 때 뉘우친들 무엇하리

  송강(松江) 정철(鄭澈)의 작품이다. 대학교 다닐 때 어지간히 귀에 못이 박히도록 들었던 기억이 난다. 친구 중에 하나가 술만 들어가면 이 가사를 읊조리는 바람에 참 많이도 들었다. 그래도 당시에는 다들 한 가지씩은 술김에 부를 것들이 있었다. 이〈장진주사〉와 더불어 나는 배호의 노래를, 다른 친구는〈검은 장갑〉인가 하는 노래를, 또 다른 친구는〈아침 이슬〉을 불렀던 기억이 새롭다.

 그 당시 술 마시는 장소는 크게 두 군데였다. 주머니에 군자금이 있으면 시장통, 학교 앞 가게, 싸구려 선술집, 분식집에라도 들어가서 마셨지만 군자금이 동나면 가게에 가서 술과 간단한 안주를 사다가는 학교 뒷산이나 잔디밭·운동장 구석에서 술판을 벌이곤 했다. 노래는 주로 이런 곳에서 목이 터져라 불러야 제격이었다. 술집에서 고성방가하다가는 다른 좌석 술꾼들과 싸우기 십상이어서 탁 트인 곳이 우리의 울분과 술주정과 넋두리와 고성방가에는 안성맞

춤이었다.

장진주사는 다분히 이백(李白)의 「장진주(將進酒)」를 의식해서 쓴 글이다. 아무리 후손들이 부정을 해도 선조들의 사대주의(事大主義)나 중화(中華) 콤플렉스는 어쩔 수 없는 일이었다. 우리가 서구문화(西歐文化)에 주눅이 드는 것과 마찬가지가 아닌가. 작금(昨今)의 우리네 예술 분야에서 모방이든 재창조든 미국과 유럽의 영향과 그늘을 빼면 남는 것이 거의 없다. 배울 것은 배우고 부정할 것은 부정해야 한다. 해서 어떤 이는 정철의 '원숭이 휘파람'을 비판도 하지만 어쨌든 우리는 외국 것에 대한 콤플렉스에서 벗어나야 한다.

각설하고, 또 그래서 우리가 와인과 양주 소비에 있어 1등 소비국이 되었다는 것이 씁쓸하기만 하다. 소주는 역시 좋은 술이다.

【註】
1) 遠近(원근): 가까이 멀리, 여기저기.
2) 僧刹(승찰): 스님과 절.
3) 西村(서촌): 별 의미 없이 서쪽에 있는 마을. 그냥 한가한 시골 마을로 생각하면 된다. 동으로 산을 등지고 있는 마을.
4) 八九家(팔구가): 인가가 고작 여덟아홉 집에 지나지 않는 작은 마을.
5) 無賣處(무매처): 팔 곳. 賣買.
6) 沽酒(고주): 술을 사다.
7) 蘆花(노화): 갈대꽃. 蘆笛.

自遣
羅隱

得則高歌失則休
多愁多恨亦悠悠
今朝有酒今朝醉
明日愁來明日愁

내 마음은
나은

뜻대로 되면 큰 소리로 노래하고 뜻대로 되지 않으면 잠시 쉬고
근심 많고 한 많은 세상 여유롭게 살아가세
오늘 아침 술 생기면 오늘 아침 취하고
내일 근심일랑 내일 걱정하세

목로주점

멋들어진 친구 내 오랜 친구야

언제라도 그곳에서 껄껄껄 웃던

멋들어진 친구 내 오랜 친구야

언제라도 그곳으로 찾아오라던

이왕이면 더 큰 잔에 술을 따르고

이왕이면 마주 앉아 마시자 그랬지

그래 그렇게 마주 앉아서 그래 그렇게 부딪쳐 보자

가장 멋진 목소리로 기원하려마

가장 멋진 웃음으로 화답해 줄게

오늘도 목로주점 흙바람벽엔

삼십 촉 백열등이 그네를 탄다

멋들어진 친구 내 오랜 친구야

언제라도 그곳에서 껄껄껄 웃던

멋들어진 친구 내 오랜 친구야

언제라도 그곳으로 찾아오라던

월말이면 월급 타서 로프를 사고

연말이면 적금 타서 낙타를 사자

그래 그렇게 산엘 오르고 그래 그렇게 사막엘 가자

가장 멋진 내 친구야 빠뜨리지 마

한 다스의 연필과 노트 한 권도

오늘도 목로주점 흙바람벽엔

삼십 촉 백열등이 그네를 탄다

언제나 청순하고 여리게 노래를 불러 뭇 남성들로 하여금 보호 본능을 느끼게 했던 이연실이 부른 노래다. 물론 이 노래는 노래가 노래니만치 그녀의 변모한 모습을 보여주어 색다른 느낌을 주기도 했다.

유신헌법이 제정된 1970년대 초는 독재와 데모와 기타의 시대였다. 3선 개헌과 유신헌법을 교묘히 통과시킨 박 정권은 긴급조치법, 집시법 등으로 견고하게 무장한 채 더욱 악랄하게 민주주의를 말살하려 혈안이었고, 그럴수록 타는 목마름에 찌든 대학생들은 데모와 술과 노래에 의존해야 했다. 더구나 고등학생인 우리는 데모는 엄두도 못 내고 저항시, 반전가요를 몰래 배우고 부르는 것으로 자위해야 했다. 그래서 기타들을 많이 배웠는데 처음 배우는 노래가 이연실의 〈새색시 시집가네〉였다. 코드가 서너 개밖에 되지 않아 초보자에게는 안성맞춤이었다. 거기다 얼굴이 아주 하얗고 청순한 이미지의 이연실을 연모(?)하던 까까머리들로서는 '새색시'라는 단어가 주는 묘한 뉘앙스까지 겹쳐 자주 불러댔다. 〈토요일밤에〉, 〈조개껍질 묶어〉 등이 당시 초보 기타맨들이 자주 튕겼던 곡들이다.

【註】
1) 得則(득즉): 得意하면, 뜻을 이루면, 뜻대로 되어 만족하게 되면.
2) 失則(실즉): 失意하면, 뜻과 같이 되지 않으면.
3) 悠悠(유유): 매우 한가한 모양, 느릿느릿한 모양. 悠悠忽忽(유유홀홀: 일도 하지 않고 유유히 세월을 보냄).

> 雪
> 金炳淵(朝鮮)
>
> 飛來片片三月蝶
> 踏去聲聲六月蛙
> 寒將不去多言雪
> 醉或以留更進盃
>
> 눈 오는 밤에
> 김삿갓(조선)
>
> 송이송이 날리는 것이 춘삼월 나비 같고
> 밟고 가는 소리 유월의 개구리 울음 같네
> 추워지면 가지 않을까 눈이 온다 떠벌리고
> 취하면 머물까 거듭 술잔을 권하네

늦은 겨울 저녁, 밖에는 눈이 내리고 있다. 함박눈 정도로 흩뿌리는 것은 아니지만 제법 눈발이 바람에 휘날리는 모양이다. 그렇게 휘날리는 눈을 춘삼월 호시절에 이 꽃, 저 꽃으로 날아다니는 나비와 비교한 발상이 역시 김립(金笠)답다. 거기다 밖에는 그 눈길을 걸어가는 사람들이 있나 보다. 눈길을 밟고 가는 발자국 소리를 유월의 개구리 울음소리와 같다고 한 표현 역시 신선하다.

밖의 상황은 그런데 안의 상황은 또 어떤가. 김삿갓이 하룻밤 신세지고 가려는 주인집 주인 역시 풍류를 아는 사람인 모양이다. 그는 밖이 추우면 이 풍류시인이 혹 가지 않고 머무를까 해서 지금 밖에 눈이 많이 온다고, 묻지도 않은 질문에 여러 번 얘기를 하고, 그래도 고집을 부려 가지나 않을까 해서 이번에는 술이라도 잔뜩 취하면 그대로 더 유하지나 않을까 해서 자꾸만 술을 권하고 있는 것이다. 풍류를 좋아하고 술을 좋아하고 기행을 일삼는 대시인과 하룻밤이라도 같이 지내고 싶은 주인의 심정을 아주 솔직하게 그리고 있다.

이 시(詩)의 작자는 당연히 김삿갓이다. 그는 주인의 부탁으로 詩 한 편 쓰고 있는 중이다. 맘씨 좋고, 더구나 자신을 알아주는 상대를 위해 뭔가 제대로 남기고 가야겠는데 마침 밖에는 눈도 내리고, 그 눈길을 걸어가는 발자국 소리도 들리고, 서로 권커니 자커니 술자리는 더욱 익어 가고······. 그 자신도 이렇게 일기가 불순한데, 더구나 자신을 알아주는 술친구와 하룻밤 지내는데 불감청(不敢請)이언정 고소원(固所願)이라 속으로는 쾌재를 부르고 싶을 것이리라.

하지만 체면을 차릴 줄 알고 염치를 아는 것이 인간의 도리인지라 은근슬쩍 주인의 심정을 빗대어 이렇게 하는데도 간다면, 이렇게 훈훈한 주인의 인정을 뿌리치는 것도 사람의 도리가 아님을 이 훌륭한 한 편의 시(詩)로 밝히고 있는 것이다.

역시 옛 사람들의 인정과 풍류와 멋스런 술 인심에는 우리가 감히 범접을 못 하겠다. 사족(蛇足)같지만 한마디 덧붙이자면 간밤에 아무리 대취했더라도 김삿갓은 새벽에 일어나 아무도 모르게 그 집을 나서서는 표표(飄飄)히 먼길을 떠났을 것이다. 쓰린 속이야 가다가 적당히 주막집에 들러 해결하면 그만일 것이다.

그리고 한 가지 더, 눈은 벌써 그쳐 있었다.

【註】
1) 飛來(비래): 눈이 휘날리는 모양.
2) 片片(편편): 조각조각, 송이송이, 가볍게 날리는 모양.
3) 三月蝶(삼월접): 꽃피는 춘삼월 호시절에 꽃들을 찾아다니는 나비.
4) 踏去(답거): 밟고 가다. 踏破.
5) 六月蛙(유월와): 유월에 논자락에서 시끄럽게 울어대는 개구리.
6) 將(장): 앞으로, 곧, 장차. 將來.
7) 不去(불거): 가지 않다, 머무르다.
8) 多言雪(다언설): (지금 밖에) 눈이 내린다고 자꾸 얘기함, 수다스럽게 말함. 강조한다는 뜻.
9) 醉或(취혹): 혹시 취하면, 행여 취하기라도 하면.
10) 以留(이유): 머무를까.
11) 進盃(진배): 술을 권하다. 盃는 杯와 같다.

제3부

사랑,
언제나 그리운……

누구나 한번쯤은 아주 근사한 사랑을 하고 싶어한다. 소설 같은, 영화 같은 사랑을 원한다. 비록 그 사랑이 비극으로 끝날지라도 깊이 빠져들고 싶은 것이 인지상정이다. 해서 누구는 '사랑은 그리움으로 시작되고, 이별은 추억으로 남는다'고 하지 않았던가. 언제나 그리운 것이 사랑이지만 막상 사랑이 곁에 있을 때는 그 소중함을 모르는 것이 또 인간이다. 우리가 늘 숨쉬는 공기, 우리는 늘 마시는 물과도 같이 고마움을 모르다가도 그 사랑이 떠나간 후에야 후회를 하고 다시 찾으려고 안간힘을 쓴다. 결코 쉬운 일은 아니지만 사람을 늘 그리워하고, 옆에 있을 때 잘해 준다면 사랑은 어렵지 않게 다가올 것이다. 그래도 사랑하는 날보다 헤어져서 가슴 아파하는 날이 인생에는 훨씬 더 많은 법이다. 또 그래도 요즘은 예전같이 오고가는 데 몇 달이 걸리지도 않고, 시도때도 없이 귀양 가는 일이 없지 않은가 말이다. 대저, 요즘에 태어난 것을 행복해 할지어다.

> 采蓮曲
> 崔國輔
>
> 玉溆花爭發
> 金塘水亂流
> 相逢畏相失
> 幷着木蘭舟
>
> **연을 캐며 부르는 노래**
> 최국보
>
> 맑은 물가에는 꽃이 만발하고
> 환한 연못에는 물길이 세차네
> 서로 만나면 헤어질까 근심하여
> 배를 나란히 붙여서 다닌다

예전에는 청춘남녀가 마주하는 경우가 드물었다. 그럴 기회를 마련하는 것도 쉽지 않았고, 그럴 만한 장소도 별로 없었다. 해서 손주들이 연애 시절 애기를 해달라고 아무리 졸라도 외할머니는 어색한 미소만 지으실 뿐 별다른 말씀이 없으셨다. 간혹 막걸리 몇 잔에 애기 보따리를 풀어 놓으셨지만 막상 들을 만한 에피소드가 전무했다. 그도 그럴 것이 그 보따리에는 시집 오기 전에 할아버지 얼굴 한 번 제대로 보지 못했다는 넋두리만이 그득 담겨 있었다. 님을 봐야 뽕을 따든지 할 텐데 만나지를 못했으니 당연한 일이었다.

어디 할머니들뿐이랴. 예전 영화나 소설을 보면 구성이 아주 단순하다. 비오는 날 비 피하던 원두막이나 으슥한 곳, 달밤에 만나던 물레방앗간, 사람들 눈을 피하던 성황당……. 대충 이런 장소가 청춘남녀가 만나던 곳이었다. 봄이면 물레방앗간, 여름이면 개울가나 뒷산 동굴, 가을이면 갈대밭, 겨울이면 인적이 끊어진 빈 들……. 그러니 명절 때 무슨 행사가 있거나, 마을에 잔치가 있거나, 공식적으로 만남이 허용되는 일이면 기를 쓰고 나갔을 것이었다. 어디 말은커녕 가까이 가기라도 했겠는가. 그저 먼 발치에서나마 서로 눈길 한번 주고받으면 그게 연분이고 사랑이 싹트는 거였다. 그렇게 폐쇄된 사회에서도 어떻게든 의사 표시는 주고받았던 모양이다. 그러길래 처녀총각들이 모이는 장소에서 남녀유별이라고 끼리끼리 떨어져 앉아서 먹고 놀아도, 누가 누구를 좋아한다는 것은 알 만한 사람은 다 알았다.

연밥을 따는 행사도 처녀총각이 공개적으로 만나는 장소였다. 한 마을에 사는 수십 명의 선남선녀들이 나왔으니 당연히 날은 맑다. 그러니 물도 맑고, 꽃도 요란하게 피어 만발했다. 어디 만발한 것이

꽃뿐인가. 아무리 옷이 없어도 그날만큼은 나름대로 작정들을 하고 차려들 입고 나왔으니 꽃도 만발, 사람도 만발이다. 그런데 한 가지 걱정되는 것이 물살이 세다는 것. 따지고 보면 그리 센 것도 아닌데 마음이 조급하니 물살도 세 보이는 것이다. 배에는 어디 처녀고 총각이고 한 사람씩만 탄 것은 아니다. 서로 눈치껏 동아리를 지어 탔을 것이다.

그래도 한 배에 탄 사람이 모두 동지는 아닐 것이다. 마음은 저쪽 배에 가 있는데, 내 님은 자꾸 멀어지는데 친구들은 여기서 머물려 하니 걱정이 된다. 나란히 붙어서 다녀 좋은 사람이 있는 반면에 빨리 저리로 가고 싶은 사람도 있을 것이다. 요지경이다.

【註】
1) 采蓮曲(채련곡): 연밥(연꽃의 열매, 蓮實)을 따면서 부르는 노래. 대부분 江南에 있는 水鄕의 아름다운 풍광과 연을 따는 아낙네들의 생활을 묘사하고 있다.
2) 玉漵(옥서): 아름다운 연못가. 漵 는 '개(강·내에 조수가 드나드는 곳), 물가, 포구'를 말한다.
3) 金塘(금당): 금빛 연못, 아름다운 연못.
4) 畏相失(외상실): 서로 헤어질까 두려워하다, 서로 떨어질까 염려하다.
5) 幷着(병착): 나란히 하다, 함께 하다.
6) 木蘭舟(목란주): 목란은 나무 이름. 질이 단단한 교목이라 건축용으로 많이 쓰며 배도 만든다.

玉階怨
李白

玉階生白露
夜久侵羅襪
卻下水晶簾
玲瓏望秋月

섬돌에 맺힌 시름
이백

옥섬돌에 흰 이슬 내려
밤이 깊어지자 비단 버선 적시누나
방으로 돌아와 수정발 내리고서
영롱한 가을달을 한없이 쳐다보네

우리 나라 TV 드라마를 보면 참 한심하다는 생각이 들 때가 한두 번이 아니다. 식구들이 빙 둘러앉아 식사를 하는 장면이라도 나올라치면 영락없이 카메라를 들이대는 쪽은—대개의 경우 앞쪽이지만—텅 비워 둔 채로 나머지 세 면에 닥지닥지 붙어 앉아 있는 꼴이 참으로 가관이다. 외국 TV 드라마를 보면 한 쪽을 비워 놓는 어리석음을 범하지 않고 빙 둘러앉아 옹기종기 화기애애하게 맛있게 먹는 것을 볼 수 있다.

또 탤런트들이 음식 먹는 것을 보면 사약이라도 먹는 것처럼 억지로 먹는 폼이 더욱 한심스럽다. 연기 잘 하는 사람들이 먹는 연기도 잘 한다고 연기 못 하는 신출내기들이, 그것도 얼굴만 예쁜 여자 탤런트들이 먹는 모습을 보면 저것들이 집에서 밥 먹을 때도 저렇게 깨지락거리나 하는 의문이 생긴다. 밥 먹는 폼도 그렇고, 국 떠 먹는 모습도 그렇고, 반찬이나 찌개 먹는 모양새도 영 아니올시다. 연기의 기초도 안 돼 있는 것들이 얼굴만 가지고 연기를 하니 그런 볼썽 사나운 연기를 할 수밖에 없을 것이다. 하기는 그런 것들이 어디 그들 서툰 연기자들 탓일까마는. 그 책임의 상당 부분은 드라마 제작을 총괄하는 연출자가 져야 한다. 부부간에 싸운 다음에 마주 앉아 식사를 하는 경우가 아니라면 식탁 앞에서 맛있게 먹어 주는 것이 최소한의 예의이자 기본이라고 할 수 있다. 정 맛있게 먹을 자신이 없다면, 먹는 연기가 되지 않는다면 연출자와 작가가 사전에 협의를 해서 먹는 장면을 빼고 다른 장면으로 바꿔야 한다. 억지로 먹는 장면을 집어넣어서 보는 사람들로 하여금 먹는 것에 대한 혐오감을 불러일으킬 필요는 없다고 본다.

다음으로 한심한 것은 잠자리 신에서다. 보통 사람들은 외출복과 잠옷을 구분해서 입는 것이 상식이다. 잠자리에 청바지 입고 들어가는 사람이 어디 있겠는가. 하지만 우리 나라 드라마를 보면 이런 기본적인 상식조차 무시되는 경우가 허다하다. 입고 있던 웃옷과 바지를 그대로 입고 이불 속으로 들어가는 연기자가 대부분이다. 그리고 아침에 이부자리에서 나오는 장면을 봐도 외출복을 입고 이불 속에서 나오는 연기자들이 부지기수다. 귀찮다고 잠옷을 갈아입지 않는 연기자나 그런 연기자들을 그대로 드라마에 기용하고, 그런 장면을 아무런 여과 없이 내보내는 연출자들이 있는 한 우리네 드라마는 멀어도 한참 멀었다.

다음은 여성 연기자들에 대한 지적이다. 우리네 여성 연기자들은 잠자리에 들 때나 잠자리에서 나올 때 화장을 덕지덕지 한 상태로 있는 것이 대부분이다. 자기네 집에서라면 잠자리에 들기 전 화장을 지우는 것이 당연하고, 또 그래서 잠자리에서 나올 때는 당연히 맨얼굴이거나 푸석푸석해야 한다. 그럼에도 불구하고 우리네 연기자들은 아주 예쁘게 화장을 한 얼굴로 잠자리를 들고 난다. 지독하게 표현하자면 술집 작부들이나 하는 짓거리들을 연기자란 사람들이 하고 있는 꼴이다. 이런 어처구니없는 행태 역시 하루바삐 시정돼야 한다.

또 하나는 열악한 스튜디오 사정에서 연유하는 것이겠지만 우리네 연기자들의 발바닥에 관한 문제점이다. 맨발일 경우는 말할 것도 없고 흰 양말을 신고 있는 경우 보기에도 민망할 정도다. 우선은 스튜디오 청소를 깨끗하게 하는 것이 급선무고, 다음으로는 연기자들 스스로가 녹화 들어가기 전에 자신의 발을 깨끗이 하거나 양말을 갈아 신어야 한다. 그럴 여유나 정성이 없다면 검은 계통의 양말을 신으면 된다. 걸핏하면 새까매진 발바닥을 보이거나 시커먼 양말을 보여주어 시청자들에게 혐오감을 주는 불상사는 '드라마 왕국'을 자처하는 우리네 TV에서 제거되어야 한다.

【註】
1) 玉階(옥계): '옥계'는 大闕이나 勢道家의 건물을 오르내리는 섬돌, 층계, 계단을 뜻한다. 예전에는 중국 대부분의 건물은 흙으로 지면을 돋운 뒤 그 위에다 지었으므로, 땅으로부터 몇 개의 층계가 있기 마련인데 이것을 '계'라고 한다. '옥계원'은 옥계에 서서 기다리는 여인의 슬픈 恨.
2) 久(구): 오래 가다, 깊어지다.
3) 侵(침): 스며들다.
4) 羅襪(나말): 비단 버선.
5) 卻下(각하): 물리치다, 내리다. '卻'은 '却'의 本字. 棄却.
6) 水晶簾(수정렴): 수정 또는 유리로 만든 발.
7) 玲瓏(영롱): 눈부시게 찬란함, 소리가 맑고 아름다움.

> 陌上贈美人
> 李白
>
> 駿馬驕行踏落花
> 垂鞭直拂五雲車
> 美人一笑褰珠箔
> 遙指紅樓是妾家
>
> **거리에서 미인에게**
> 이백
>
> 준마의 당찬 걸음 떨어진 꽃잎 다 밟는데
> 채찍 늘어뜨려 아름다운 수레를 스쳐 지나니
> 미인이 미소지으며 구슬 발 걷더니
> 멀리 붉은 누각 가리키며 자기네 집이라네

미인

한 번 보고 두 번 보고 자꾸만 보고 싶네

아름다운 그 모습을 자꾸만 보고 싶네

그 누구나 한 번 보면 자꾸만 보고 싶네

그 누구의 여인인가 정말로 궁금하네

모두 사랑하네 나도 사랑하네

모두 사랑하네 나도 사랑하네

한 번 보고 두 번 보고 자꾸만 보고 싶네
아름다운 그 모습을 자꾸만 보고 싶네
나도 몰래 그 여인을 자꾸만 보고 싶네
그 누구도 넋을 잃고 자꾸만 보고 싶네
모두 사랑하네 나도 사랑하네
모두 사랑하네 나도 사랑하네

우리 나라 '락'의 살아 있는 전설이자 영원한 대부 신중현이 '엽전들'과 함께 불러 1970년대 초·중반을 강타했던 그 유명한 노래 〈미인〉이다.

고등학교 때였는데 어느 날 쉬는 시간에 친구 녀석이 이 노래를 부르는 것이었다. 처음에는 웬 각설이타령 비슷한 노래를 부르나 싶어 심드렁하게 넘겼는데, 웬걸 일주일이 가기 전에 꽤 많은 친구들이 흥얼거렸다. 멜로디도 아주 쉬웠고, 여자에 대해 특히 미인에 대해 많은 동경을 가지고 있던 나이들이라 그랬던 모양이다. 나 역시 그 커다란 물결에 휩쓸릴 수밖에 없었다.

해서 우리는 쉬는 시간이면, 방과후에 길거리에서, 소풍 가서, 수

학여행 가서도 지겹게 이 노래를 불러댔다. 누가 더 목청껏 부르면 예쁜 여학생이라도 사귈 수 있을까 봐 마구 불러댔다.

그런데 애석하게도 얼마 지나지 않아 그토록 좋아하던 〈미인〉을 방송에서 들을 수가 없게 되었다. 독재정권의 그 무지막지한 잣대로 심의하는 높으신 분들이 죽인 노래가 어디 한두 곡인가.

【註】
1) 陌上(맥상): 길에서, 거리에서.
2) 驕行(교행): 씩씩하게 가다, 잘난 체하며 가다, 당차게 가다.
3) 垂鞭(수편): 채찍을 내리다, 늘어뜨리다.
4) 直拂(직불): 곧장 스치다, 바로 스쳐 지나가다.
5) 五雲車(오운거): 아름다운 구름을 그린 수레. 옛날 漢武帝가 方士(신선의 술법을 닦는 사람)의 말에 따라 구름 기운을 그린 수레를 타고 다니면서 신선을 찾았다고 한다. 이 詩에서는 아름답게 장식한 수레를 뜻한다.
6) 褰(건): 걷다, 올리다.
7) 珠箔(주박): 구슬로 만든 발. '箔'은 '발'.
8) 遙指(요지): 멀리 가리키다.
9) 紅樓(홍루): 붉은 칠을 한 누각. 부잣집 여자가 거처하는 집. 또는 일반적으로 여자가 거처하는 곳.

三五七言
李白

秋風清
秋月明
落葉聚還散
寒鴉棲復驚
相思相見知何日
此時此夜難爲情

삼오칠언시
이백

가을 바람 맑고
가을 달 밝은데
낙엽은 모였다가는 다시 흩어지고
처량한 까마귀 잠자다가 이내 깜짝 놀라네
그리운 님 보게 될 날은 언제쯤일까
이즈음 이 밤을 어떻게 보내야 하나

가을은 참으로 민감한 계절이다. 날씨도 서늘하고, 낙엽도 떨어지고, 추적추적 내리는 비도 우리의 심사를 가라앉히다 못해 한없이 처연하게 만든다. 가을에는 그래서 틈만 나면 어디론가 떠나고 싶다. 하지만 일상에서 벗어나기가 그렇게 쉬운 일은 아니다. 그럴 때는 삶에 지친 사람들이 모여 있는 곳, 그런 사람들을 쉽게 만날 수 있는 곳에 가면 된다. 그러면 다소나마 활력을 얻고, 침잠하는 감정의 사치에서 벗어날 수 있게 된다.

늦은 시간, 전철이나 버스를 타보면 고개를 끄덕일 것이다.

늦은 시간에 전철로 귀가하는 사람들은 버스로 귀가하는 사람들과 마찬가지로 이 땅의 보통 사람들이다. 그래서 비록 그들의 행색이 남루하고 표정이 피곤해 보여도 우리는 그들에게 위로의 말 대신 애정어린 시선을 보내 줄 수 있다. 1등에게만 박수를 보낼 것이 아니라 꼴찌에게도 당연히 갈채를 보내야 한다. 그들이야말로 묵묵히 그리고 성실히 이 땅을 일궈 온 사람들이다.

앉아 있는 사람들 대부분은 일상의 삶에 지쳐 두 눈을 지긋이 감고들 있고, 서 있는 사람들 역시 겨우 겨우 손잡이나 기둥에 몸을 기대고들 있지만, 또 그래서 쉽사리 그들의 표정을 읽을 수는 없지만 적어도 그 사람들한테는 따뜻한 온기가 전해져 온다. 자신의 몸도 파김치가 되어 있는데 나이 드신 분이 타면 벌떡 일어나 자리를 양보하는 것은 대낮의 전철 안에서는 쉽게 볼 수 없는 풍경이다. 비록 지금까지의 나날들이, 오늘이 힘에 겹고 어렵긴 해도 내일, 모레, 아니면 언제일지 모르는 까마득한 미래에 한 가닥 희망이 있다는 신념으로 하루하루를 끈질기게 살고들 있을 것이다.

언젠가 대학생 시절 목포로 가는 완행열차에 몸을 실은 적이 있었다. 열몇 시간에 걸치는 더디고 힘든 노정이었지만 그 기차 안에 탄 수많은 사람들은 그 누구도 불평 한 마디 하지 않았다. 체념은 아니었지만 그냥 그러려니 하면서 그 먼길을 오고가는 아저씨, 아줌마들한테서 나는 인내와 기다림의 지혜를 배울 수 있었다.

나날의 삶이 힘들다고 엄살을 떠는 사람들은 한번쯤 늦은 시간의 전철을, 지금은 거의 자취를 감춘 예전의 완행열차를, 크지 않은 여객선의 3등실을 이용해 볼 일이다. 분명히 거기에서 삶의 끈끈함을, 어떤 외압에도 수그러지지 않는 거친 숨소리를, 눈물 속에서도 잃지 않는 한 줄기 미소를, 아무리 생활에 찌들려도 툭툭 불거져 나오는 여유와 너그러움을, 언젠가 한번은 뚝 하니 일어서고야 말겠다는 오기와 뚝심을 배울 수 있을 것이다.

【註】
1) 聚還散(취환산): 모였다가 다시 흩어지다.
2) 寒鴉(한아): 늦가을 나뭇잎도 다 떨어진 나뭇가지에 을씨년스럽게 앉아 있는 까마귀.
3) 棲復驚(서부경): 자다가 깜짝 놀라다.
4) 何日(하일): 언제, 어느 때.
5) 難爲情(난위정): 힘이 들다, 난처하다, 딱하다.

> 春望詞
> 薛濤
>
> 風花日將老
> 佳期猶渺渺
> 不結同心人
> 空結同心草
>
> 동심초
> 설도
>
> 꽃잎은 하염없이 바람에 지고
> 만날 날은 아득타 기약이 없네
> 무어라 맘과 맘은 맺지 못하고
> 한갓되이 풀잎만 맺으랴는고

'꽃잎은 하염없이 바람에 지고……' 로 시작되는 이 노래를 사람들은 어지간히 다들 안다. 노래 제목 '동심초(同心草)'도 안다. 그런데 실은 이 노래의 원전(原典)이 한시(漢詩)라는 것, 지은이가 당(唐)나라의 설도(薛濤)라는 것, 그녀가 유명한 기생(妓生)이었다는 것, 번역한 사람이 소월(素月)을 문단에 데뷔시킨 김억(金億)이라는 것을 아는 사람은 그다지 많지 않다. 아마 내 생각으로는 이 시를 번역한 것이 1920~30년대니까 최초는 아니더라도 우리 나라에서 한글로 번역된 문학작품 가운데 몇 손가락 안에 꼽히지 않을까 여겨진다. 한시는 그런대로 번역이 되었지만 영어, 프랑스어, 독일어 등의 외국어로 된 작품은 일본어로 된 것을 재번역한 것이 일제시대 때의 식민지 번역문화였고, 그 부끄러운 현실은 독립국가로 자리잡은 지 한참이 지난 불과 얼마 전까지도 여전히 지속되었다. 일본어로 한 번 번역된 것을 다시 한 번 번역했으니 그런 번역이 제대로 된 번역일 리 만무했다. 그런 번역을 중역(重譯)이라고 하는데, 한약도 두 번째 달이는 것이 처음 달이는 것보다 약효가 떨어지듯이, 원어의 묘미나 원작자의 의도를 제대로 반영하기는 힘들다. 거기다 일본어에 능통한 사람이 번역을 해도 시원찮을 판에 우리네 척박한 출판문화라는 것이 싸구려 번역에 대충 날림으로 하는 것이 대부분이어서, 그 동안 직역과 의역이 뒤섞인 국적 없는 번역물을 읽어야 하는 것이 문화 후진국에 사는 국민들의 서글픈 현실이었다.

  몇 년 전까지만 해도 비영어권에서 누가 노벨문학상을 받았다 하면 일본어 번역이 나올 때까지 기다렸다가 서둘러 중역을 해서 시중에 출판하는 것이 관례였다. 그러니 번역하는 사람 대접이 늘 소홀했고, 번역하는 사람들도 매문(賣文)을 한다고 자신을 비하하기 일쑤였다. 어차피 소설이나 시를 써 가지고는 생계가 되지 않으니까, 또 그런 사정을 아는 잡지사나 출판사 사람들이 돈 몇 푼에 번역 한번 해보라고 유혹하는 바람에 누이 좋고 매부 좋은 식으로—실상은 그 반대가 되는 셈이었지만—저급한 번역일에 매달려 왔지만 이제는 사정이 많이 나아졌다. 또 하나 덧붙일 것은 그렇다고 전에 열심히, 양심껏 번역에 종사하신 분들을 다 매도할 생각은 추호도 없으니 혜량 바란다.

『로마인 이야기』를 비롯한 요즘의 각종 역사서 · 예술서적 · 영상물 · 만화들을 보면 정말 격세지감을 느낀다. 좋은 일이다.

【註】
1) 春望詞(춘망사): 봄을 기다리는 노래. 우리가 흔히 부르는 〈동심초〉라는 노래의 제목과 가사는 金億이 이 詩를 우리말로 옮긴 것이다.
2) 風花(풍화): 바람에 지는 꽃, 바람에 날리는 꽃.
3) 日將老(일장로): 해가 기울려 하다, 해가 지려 하다.
4) 佳期(가기): 좋은 시절, 즐거운 약속.
5) 猶(유): 오히려. 猶不足.
6) 渺渺(묘묘): 아득히 먼 모양, 멀고 아득한 모양.
7) 同心人(동심인): 마음을 같이하는 사람, 연인.
8) 空(공): 헛되이, 부질없이.
9) 結同心草(결동심초): 풀잎을 同心結의 형태로 묶다. '同心結'은 사랑하는 두 사람의 마음을 영원히 하나로 맺는다는 뜻이다.

> 春怨
> 金昌緒
>
> 打起黃鶯兒
> 莫敎枝上啼
> 啼時驚妾夢
> 不得到遼西
>
> **봄날의 시름**
> 김창서
>
> 저놈의 꾀꼬리 쫓아 버려라
> 가지 위에서 울지 못하게
> 그 울음소리에 내 꿈 깨면
> 님 만나러 요서 땅에 가지 못한단다

참으로 재밌고도 애절한 시가 아닐 수 없다. 얼마나 꾀꼬리가 가지 위에서 눈치 없이 울어댔으면 그 귀엽고 듣기 좋은 꾀꼬리 울음소리가 지겨워 쫓아 버리라고 했겠는가. 하지만 꾀꼬리는 아무 죄도 없다. 새들이야 저희들이 날아가고 싶으면 날아가고, 울고 싶으면 우는 것이 당연하지 않은가. 사람들이 남편 만나는 꿈을 꾸는지, 심사가 애절한지, 기분이 좋은지 상관할 바가 없다.

예전에 시계가 별로 보급이 되지 않았을 때 사람들은 새벽에 닭이 울면 일어났고, 참새가 앞마당에 와서 울면 일과를 시작했다. 뻐꾸기, 기러기, 오리, 참새, 소쩍새 들이 우는 것으로 계절을 알기도 했다. 이 시 같은 특별한 경우가 아니면 새들이 우는 소리는 아무리 들어도 지겹지 않다. 절대 질리지 않는다. 진짜 지겨운 소리는 시도 때도 없이 사람들이 내는 소음이다. 남은 전혀 배려하지 않는 무례한 자들이 막무가내로 내는 인간 소음이다.

우리 나라 사람들은 정말 소음에 둔감하다. 남이 내는 소음에는 어느 정도 민감하지만 본인들이 내는 소음에는 안하무인이다. 아파트 생활을 하는데 개를 키우지 않나, 오밤중에 들어와서 마구 씻지를 않나, 발뒤꿈치에 힘을 잔뜩 주고는 보란 듯이 쿵쿵거리지를 않나, 식탁에 앉을 때 의자를 찍찍 끌지를 않나, 하여튼 소음에 대해서는 무지한 민족이다.

휴일에 모처럼 가족들과 조용히 외식이라도 할라치면 음식점에서 왜들 그렇게 떠드는지 밥을 제대로 먹었는지, 계산을 제대로 하고 나왔는지 잘 모를 지경이다. 어른들도 염치없이 떠들지만 견디기 힘든 것은 애들이 식당 안에서 마구 뛰어다니고, 지나가면서 툭툭 건드리고 다니고, 웃고 떠드는 소리에 정말이지 두 손 두 발 다 들었다. 어떤 가족은 갓난아기를 데리고 와서는 애가 울든 저희들끼리 먹는 데만 열중하는데, 이렇게 몰상식한 짓이 어디 있는가. 다른 사람들은 전혀 생각하지 않고 자기네 식구만 편하면 된다는 식은 지독한 이기주의가 아닐 수 없다. 애가 울면 밖에 나가서 어르고 들어오든지, 애들이 시끄럽게 떠들거나 뛰어다니면 주의를 줘야 하는데 전혀 개의치 않는다. 간혹 뛰어다니는 애들한테 뭐라고 그러면 그 애비나 에미 되는 것들이 눈에 불을 켜고 달겨든다. 왜 남의 집 귀한 애를 잡냐는 것이다. 아니, 귀하면 저희들이나 귀하지 남한테도 귀하게 보이나. 천만의 말씀이다. 그리고 진정 귀하게 키우려면 공중도덕, 식사 예절, 에티켓 등을 어릴 때부터 잘 가르쳐야 한다. 그렇게 마구잡이로 교육받은 애들이 나중에 커서 뭐가 될지는 뻔한 일이다.

세계 최고의 소음 공화국은 바로 대한민국이다.

【註】
1) 打起(타기): 쫓아 버리다.
2) 黃鶯兒(황앵아): 꾀꼬리. 黃鳥. 鸝黃.
3) 莫敎(막교): ~하지 못하게 하라. '敎'는 '使'와 같은 뜻.
4) 驚(경): 놀라다. 놀래서 깨다.
5) 妾夢(첩몽): 내 꿈. 아녀자의 꿈. 妾은 남편 앞에서 자신을 낮추어 부르는 말.
6) 不得(부득): 얻지 못하다. ~하지 못하다.
7) 遼西(요서): 요서 지방. 군인으로 출정한 남편이 근무하는 곳. 변방.

子夜四時歌 春歌
郭震

陌頭楊柳枝
已被春風吹
妾心正斷絶
君懷那得知

자야의 노래 중 봄 노래
곽진

길거리의 버들가지
벌써 봄바람에 휘날리네
이내 마음 진정으로 애간장이 녹는데
님께서는 이런 심정을 어찌 아실까

실버들

실버들 천만사 늘어놓고

가는 봄을 잡지도 못한단 말인가

외로움이 아무리 아쉽다기에

돌아서는 님이야 어이 잡으랴

한갓되이 실버들 바람에 늙고

이내 몸은 시름에 혼자 여위네

가을 바람에 풀벌레 슬피 울 때에

외로운 밤에 그대도 잠 못 이루리

   희자매가 불러서 한때는 많은 이들의 시름을 달래 주기도 하고, 더 깊게도 했던 노래다. 소월의 작품이라 사랑을, 그리운 님을, 떨어져 있음의 아픔을, 이별의 한을 읊은 한시(漢詩)와 비교해도 그다지 어긋나지 않아 보인다.

 동서고금을 막론하고 문학의 테두리 안에서, 시나 소설 속의 표현에 있어서 크게 변하지 않는 것들이 몇 가지 있다. 우선 이 시처럼 이별의 아픔을 버들가지에 빗대어 표현한 것이 천 몇백 년 전의 중국의 한시(漢詩)와 통하고, 기러기는 늘 고향을 그리워하는 사람의 마음을 대변하고, 고향 하면 늘 어머니가 떠오르고, 사랑하는 사람은 언제나 꽃이 만발한 곳에서 만나고, 산에 오르면 누구나 마음이 너그러워지고, 거울을 보면 다들 세월의 무상함을 느끼고, 술을 같이 마시는 사람은 아주 가까운 벗이고, 또 그런 벗들과 헤어지기 전에는 반드시 술을 마시고, 명절이 되면 더욱 고향과 혈육이 생각나고……

따지고 보면 우리 같은 범인(凡人)들의 생각과 크게 다르지 않다. 문학이란 것이 보편적 정서를 좀 특이하게 표현한 것이 아닌가. 똑같이 해돋이를 봐도 그냥 흘리는 사람도 있고, 가슴에 담아 두는 사람도 있고, 화폭이나 원고지나 오선지에 절절하게 표현하는 사람도 있고, 일기 쓰듯 덤덤하게 메모하는 사람도 있다. 애절한 사랑을 겪고 난 뒤에 인생을 배우는 사람도 있고, 또 한 사람과 스쳐 지나갔구나 여기는 사람도 있고, 주야장창 눈물과 한숨으로 보내는 사람도 있다.

헌데 요즘 사랑을 노래한, 이별을 노래한 글들을 보면 버들가지가 나오지는 않는다. 요즘 1년은 예전의 수백 년 이상이다.

【註】
1) 子夜四時歌(자야사시가): 子夜歌라는 樂府가 있다. 東晋 때 子夜라는 여자가 지은 民謠調의 애절한 노래로서 모두 남녀의 애정을 다룬 것이다. 작자가 이 형식을 본따서 四時歌를 지었는데, 이 詩는 春歌 中 한 首다.
2) 陌頭(맥두): 길거리.
3) 被(피): ~을 당하다. 수동의 뜻을 나타낸다.
4) 春風吹(춘풍취): 봄바람이 불다.
5) 正斷絶(정단절): 진정 애간장이 녹다. 더할 수 없이 슬프다. 斷腸.
6) 那(나): 어찌.
7) 得知(득지): 알다.

春夢
岑參

洞房昨夜春風起
遙憶美人湘江水
枕上片時春夢中
行盡江南數千里

봄꿈
잠삼

어젯밤 동방에 봄바람이 일어
상강의 미인을 아득하게 생각했네
베개 위에서 잠깐 봄꿈에 젖었는데
멀고 먼 강남을 다 갔네

Blowin' in the wind

How many roads must a man walk down

Before you call him a man?

How many seas must a white dove sail

Before she sleeps in the sand?

How many times must the cannon balls fly

Before they're forever banned?

The answer, my friend is blowing in the wind

The answer is blowing in the wind

How many years can a mountain exist

Before it's washed to the sea?

How many years can some people exist

Before they're allowed to be free?

How many times can a man turn his head

Pretending he just doesn't see?

The answer, my friend is blowing in the wind

The answer is blowing in the wind

How many times must a man look up

Before he can see the sky?

How many years must one man have

Before he can people cry?

How many deaths will it take till he knows

That too many people have died?

The answer, my friend is blowing in the wind

The answer is blowing in the wind

  이 노래는 Peter, Paul & Mary가 1963년에 불러서 대히트를 친 뒤 수많은 아티스트들이 앞을 다투어 취입했던, 포크 음악의 살아 있는 전설 Bob Dylan의 곡이다. 평화와 인류애를 갈구하는 이 노래는 미국에서 반전가요로 널리 알려졌는데, 우리 나라에서는 민주주의에 대한 갈망을 대변하는 노래로 대학생들이 많이 불렀다. 또 그래서 당연히 박 정권 때는 금지곡이었다.

【註】
1) 洞房(동방): 깊숙한 방. 부인의 방. 신혼의 방. 洞房花燭.
2) 遙憶(요억): 멀리 생각하다. 아득히 기억하다.
3) 美人(미인): 湘水의 神. 堯임금의 두 딸 娥皇·女英이 함께 舜임금에게 시집 갔다가, 나중에 그가 蒼梧의 들에서 죽자, 그 뒤를 따라 湘水에 몸을 던져 죽어 神이 되었다고 한다. '湘君', '湘妃'라고도 한다.
4) 湘江(상강): 廣西省 興安縣에서 발원하여 湖南省 洞庭湖로 흘러들어가는 강.
5) 枕上(침상): 베개의 위. 누워 있을 때.
6) 片時(편시): 잠시. 짧은 동안.
7) 行盡(행진): 다 가다. 다 돌아다니다.

玉臺體
權德輿

昨夜裙帶解
今朝蟢子飛
鉛華不可棄
莫是藁砧歸

님 그리며
권덕여

어젯밤에 치마끈이 절로 풀리고
오늘 아침에는 갈거미가 날았네
화장을 차마 그만두지 못하나니
행여 님께서 오시지나 않을까 하여서네

슬플 땐 화장을 해요

슬플 땐 난 곱게 화장을 해요

그대의 모습을 생각하면서 하하

나는요 슬플 땐 화장을 해요

우리의 사랑을 예쁘게 색칠해요

거리를 수놓은 네온 불빛처럼

화려한 날개옷을 입고

　　조금은 우울한 우리의 사랑에

　　빠알간 장미꽃이 되어 그대의 표정을 밝게 하고 싶네

　　나는요 슬플 땐 화장을 해요

　　우리의 사랑을 예쁘게 색칠해요

　　　　신인가요제 출신으로서 가창력 있는 가수로 정평이 난 신효범의 노래다. 여자들은 슬플 때 무엇을 할까. 백인백색이겠지만 이렇게 화장을 하는 여자, 쇼핑을 하는 여자, 아무 생각 없이 꾸역꾸역 먹는 여자, 책을 읽거나 음악을 듣는 여자, 여행을 하거나 혼자 드라이브를 즐기는 여자, 노래방에 가서 소리 소리 지르고 나오는 여자……. 그래도 요즘은 이렇게 할 일도 많고 소일거리도 많았지만 예전에는 어땠을까.

　　갈수록 편한 세상이지만 우리 나라 여자들은 정말 편해졌다. 이런 얘기를 하면 여성단체에서 들고 일어날지도 모르지만 우리 어렸을 적에 할머니, 어머니 세대가 고생했던 것에 비하면 요즘은 진짜 천국이다. 우물이나 동네 공중 수돗가에서 물을 길지 않아서 좋고, 더구나 세탁기가 빨래를 해주니 좋고, 봉지쌀 사러 다니지 않아 좋고, 연탄가스·연탄재에 시달리지 않아 좋고, 냉장고가 있으니 음식 쉬지 않아 좋고, 애들도 하나 둘밖에 없으니 키우기에 좋고, 시부모와 따로 사니 눈치 안 봐서 좋고, 걸핏하면 외식이니 설거지 덜해 좋고, 에어컨에 선풍기까지 있으니 부채질하지 않아 좋고, 직업여성들은 사회활동 마음대로 할 수 있어 좋고, 주부들은 남편과 애들 내보내고 나면 남는 게 시간이니 헬스에 마실에 커피에 수다에 빠질 수 있으니 좋고, 남편 월급이 꼬박꼬박 통장에 들어와 좋고, 남편이 외도를 하거나 조금만 구박해도 쉽게 이혼할 수 있어 좋으니, 이 얼마나 살기 좋은 세상인가.

【註】
1) 玉臺體(옥대체): 陳나라 徐陵이 편찬한 『玉臺新詠』에서 시작된 일종의 詩體. 戀情詩.
2) 裙帶(군대): 치마와 허리띠, 치마끈.
3) 蟢子(희자): 납거미과의 거미. 갈거미. 이 거미를 사람이 낮에 보면 기쁜 일이 생길 징조라는 말이 있다. '蟢'는 '喜'와 同音이기 때문이다.
4) 鉛華(연화): 분, 白粉. 화장을 한 아름다운 얼굴빛.
5) 莫是(막시): ~이 아닐까 두려워하다, ~하지 않을까 걱정하다.
6) 藁砧(고침): 짚을 두드리는 바탕돌. 예전에 아내가 남편을 일컫는 隱語. '藁'는 '稾', '稿'와 같고 '마른 나무, 볏짚, 짚'을 뜻하며 '砧'은 '다듬이돌, 모탕'을 뜻한다.

望夫石
王建

望夫處
江悠悠
化爲石
不回頭
山頭日日風和雨
行人歸來石應語

그리운 님
왕건

님을 기다리는 곳
강물은 천천히 흐르는데
바위로 변하여
머리를 돌리지 않네
산꼭대기에는 날마다 바람 불고 비 내릴 뿐
가신 그 님 돌아오면 바위는 응당 말하리라

망부석

간밤에 울던 제비 날이 밝아 찾아 보니 처마 끝엔 빈 둥지만이

구구만 리 머나먼 길 다시 오마 찾아가나 저 하늘에 가물거리네

헤에야 날아라 헤에야 꿈이여 그리운 내 님 계신 곳에
푸른 하늘에 구름도 둥실둥실 떠 가네 높고 높은 저 산 너머로
내 꿈마저 떠 가라 두리둥실 떠 가라 오매불망 내 님에게로

깊은 밤 잠 못 이뤄 창문 열고 밖을 보니 멀리 떠난 내 님 소식
그 언젠가 오실 텐가 가슴 졸여 기다려지네
헤에야 날아가라 헤에야 꿈이여 그리운 내 님 계신 곳에
달 아래 구름도 둥실둥실 떠 가네 높고 높은 저 산 너머로
내 꿈마저 떠나라 두리둥실 떠나라 오매불망 내 님에게로

두루마기를 입고 〈송학사〉를 불러 우리를 저 멀리 피안의 세계로 안내하기도 했고, 간편한 한복을 입고 나와 덜렁덜렁 춤을 추면서 이 노래를 부르기도 했던 가수 김태곤. 돌아오지 않는 님을 기다리며 부르는 '망부석'을 빠른 가락에 담아 큰 소리로 불러댔던 그는 확실히 선이 굵고 색깔이 분명한 가수였다. 우리네 정치판은 선거철만 되면 '색깔 논쟁'에 시간 가는 줄 모르는데 요즘은 색깔이 뚜렷한 가수들이 별로 없다. 다 그 나물에 그 밥 같기만 하다. 나왔다 하면 댄스요, 힙합에 랩이니 이젠 지겹기조차 하다.

우선은 방송에서 음악을 다양하게 내보내야 한다. 획일적으로 순위 프로그램만을 고집할 게 아니라 좀더 세분화해야 한다. 트로트, 발라드, 댄스, 힙합, 발라드, 락, 블루스, 재즈 등으로 나눠서 순위를 매겨 각 장르별로 출연을 시키면 된다. 처음에야 한계가 있는 음악시장이라 힘들겠지만 날이 갈수록 자리를 잡을 것이다. 3년 전부터 MBC가 시도하고 있는 30대 이상이 뽑은 10대 가수와 가수왕, 30대 이하가 뽑은 10대 가수와 가수왕이 좋은 예다. 아직 걸음마 단계지만 해마다 한두 가지씩이라도 추가한다면 5년 그리고 10년 뒤에는 우리 가요도 많이 발전하고 보다 다양화될 것이다. 그래야 가요 시장도 커지고, 청취층도 폭넓어지고, 당연히 음악도 좋아질 것이다. 그래야 우리 노래가 『빌보드』지에 오르는 날도 올 것이다. 더 늦기 전에 시작해야 한다.

【註】
1) 望夫石(망부석): 옛날 貞烈한 아내가 멀리 떠난 남편을 기다리다가 그대로 化石이 되었다는 전설적인 돌.
2) 江悠悠(강유유): 강물이 느릿느릿한 모양.
3) 化爲石(화위석): 바위로 변하다, 변하여 바위가 되다.
4) 不回頭(불회두): 머리를 돌리지 않다, 남편이 올 곳만 쳐다보고 있다.
5) 山頭(산두): 산꼭대기. 망부석이 있는 곳.
6) 和(화): 더불어, 같이, ~와, ~과.
7) 石應語(석응어): 바위도 마땅히 말하다. 님이 돌아오면 다시 깨어날 수 있음을 나타내는 말.

寄西峰僧
張籍

松暗水涓涓
夜凉人未眠
西峰月猶在
遙憶草堂前

서봉에 계신 스님에게
장적

소나무 숲은 어둑하고 물은 졸졸 흐르는데
밤기운이 차서 잠 못 이루네
서봉의 달은 아직 있나니
멀리 스님의 초막을 생각하네

사람은 다 복대로 능력대로 살아가지만 옳고 그른 것은 가릴 줄 알아야 한다. 어느 집안이 부정한 방법으로 잘 살 수는 있지만 그렇다고 그 집안이 명성이나 명망이 있다고는 할 수 없다. 재산 좀 있다고, 행세 깨나 한다고 못 사는 이웃들을 우습게 봐서는 안 된다. 더구나 그 이웃이 독립운동가의 자손이나 국가유공자의 자손일 경우는 더욱 그러하다.

해방 뒤 우리는 제일 커다란 대명제를 풀지 못한 아픔과 한을 가지고 있다. 바로 일제잔재의 청산이라는 대명제를 간과한 것이다. 아니, 그것은 기득권 세력이 그 대명제를 스스로 움켜쥐고 내놓지 않은 것이다. 일제잔재 세력이 정부의 요직에 그대로 시퍼렇게 두 눈들을 뜨고 있었으니 그 청산이 제대로 이루어질 리가 만무했다. 그래서 친일세력은 계속 깊은 뿌리를 내릴 수 있었고, 그 후손들은 이 땅 위에서 아직도 잘 나가는 집안을 이끌어 나가고 있는 것이다.

반면에 독립운동가의 후손들은 어떤가.

할아버지와 아버지는 이역만리 머나먼 타국 땅에서 조국의 독립을 위해서 싸우다 장렬하게 전사해 불귀의 객이 되었고, 그 후손들은 독립군의 후예란 이유로 지독한 일경놈들의 감시를 받느라 먹고 살기에도 다급했던 게 현실이었다. 해방이 되어서도 마찬가지였다. 친일파는 어느새 독립운동가의 후손으로 탈바꿈되어 있었고, 독립운동가의 후손은 제대로 인정도 받지 못하고 정부의 보조는커녕 냉대 속에 선조의 피맺힌 한을 되새길 뿐이었다.

요즘 같은 세상에서는 개천에서 용이 나는 경우는 지극히 희박하다. 있는 사람들은 있는 사람들끼리 뭉쳐서 정경유착이다, 정정유착이다, 경경유착이다들 하지만 없는 사람들은 아무리 뭉쳐 봐야 전혀 표가 나지 않는다. 모래알끼리 모여 봐야 힘없이 바람에 날릴 뿐이다. 속절없이 사그러질 뿐이다.

역대 정권을 봐도 사정은 다르지 않다. 경북 세력이 집권하면 그 쪽 세력이 온갖 요직을 다 차지하고, 경남 세력이 집권하면 또 그 쪽 세력이 중요한 자리를 다 차지한다. 호남 세력이 집권해도 '전(前)과 동(同)'이다. 나머지 세력은 그냥 모양 좋으라고 있는 들러리 세력일 뿐이다. 그런 현상이 몇십 년이 지난 오늘날에도 전혀 치유될 가망이 없으니 참으로 답답한 노릇이다.

그래서 오늘도 이 땅의 독립을 위해서 애쓰신 분들의 후예는 서울 변두리 달동네에서 하루하루를 연명하며 선대에서부터 내려온 한을 삭이고 있을지도 모른다. 또 한쪽 호화주택이 즐비한 동네에서는 일제 앞잡이의 후손들이 선대의 그 못된 책략과 흉계를 이어받아 오늘도 무슨 음모를 꾸미고 있을지도 모른다.

【註】
1) 西峰(서봉): 스님의 草堂이 어느 산 서쪽 봉우리에 있었나 보다.
2) 松暗(송암): 소나무 숲이 어둑하다, 깊숙하다, 그윽하다.
3) 涓涓(연연): 작은 물이 졸졸 흐르는 모양.
4) 遙憶(요억): 멀리 생각하다, 아득히 기억해내다.
5) 草堂(초당): 초가집. 예전에 隱居하여 스스로 즐기는 사람이 흔히 초당을 지었다.

> 宮詞
> 張祜
>
> 故國三千里
> 深宮二十年
> 一聲何滿子
> 雙淚落君前
>
> **궁녀의 노래**
> 장호
>
> 고향 떠나 삼천 리
> 구중궁궐 들어온 지 이십 년
> 하만자 한 곡조 부르고는
> 황제 앞에서 뜨거운 눈물 흘리네

동서고금을 막론하고 왕이나 황제를 가까이 모시는 사람들은 출세할 가능성도 높지만 또 그만큼 힘이 들고, 승은(承恩)을 입어 잘 나가다가도 하루 아침에 나락으로 떨어지기도 한다. 환관(宦官)이 그랬고 궁녀가 그랬다. 중국 궁녀제도는 알 수가 없어 조선시대 궁녀제도를 간단히 소개한다.

궁녀(宮女)란 '궁중여관(宮中女官)'의 별칭으로 상궁 이하의 궁인직을 의미한다. 궁중에서 일하는 여성 관리인 셈인데, 그 소임에 따라 품계가 나뉘어 있다. 후궁과 궁녀를 포함해 궁궐에서 근무하는 여성들은 모두 내명부(內命婦)에 속해 있는데, 정1품 빈(嬪)·종1품 귀인(貴人)·정2품 소의(昭儀)·종2품 숙의(淑儀)·정3품 소용(昭容)·종3품 숙용(淑容)·정4품 소원(昭媛)·종4품 숙원(淑媛)까지는 국왕의 여자인 후궁이고, 궁녀는 업무에 따라 그 품계가 정5품에서 종9품까지 10등급으로 나뉘어 있었다. 모든 업무를 총괄하는 정5품 궁녀는 상궁(尙宮)·상의(尙儀)로 불렸으며 참판 아래 중견 실무자급 책임자에 해당했다.

궁녀들은 주로 왕실의 의식주에 관계된 일을 분담했는데 아침·저녁 수라와 잔치 음식 등을 준비하는 일은 궁녀들이 맡은 중요한 업무의 하나였다. 소주방(燒廚房)이 바로 임금의 수라상을 마련하던 곳이다. 왕과 왕비가 함께 잘 때는 나이든 상궁들이 숙직을 섰으며 젊은 궁녀들의 접근은 금지되었다. 이 숙직을 맡은 곳을 '지밀(至密)'이라 했는데, 말 그대로 가장 지엄하고 중요하여 말 한 마디 새어 나가지 못한다는 뜻이다. 이밖에도 왕과 왕비의 옷과 이부자리 등을 만드는 침방(針房), 의복과 장식물에 수를 놓는 수방(繡房), 음료와 과자를 만드는 생과방(生果房), 세숫물과 목욕물을 준비하고 내전을 청소하는 세수간(洗手間), 빨래와 그 뒷손질을 담당하는 세답방(洗踏房) 같은 궁녀들의 작업실들이 배치되어 있었다.

궁녀는 대개 어린 나이에 뽑혀 궁에 들어왔는데 지밀은 4~5세, 침방과 수방은 7~8세, 그외 부서는 13세 미만이었다. 왕을 측근에서 모시는 지밀은 궁녀의 대표격으로 4세부터 궁중에 들어와 그 행동과 습관, 품격이 궁중화되어 왕자나 왕녀 못지않은 교양을 갖추게 된다고 한다.

어린 나이에 궁에 들어와 평생을 갇혀 지내던 궁녀가 왕의 총애를 받기 시작하면 그 위상은 물론 대우마저 달라져 시중을 드는 입장에서 시중을 받는 입장으로 바뀌게 된다. 이른바 '승은(承恩)을 입은' 것이다. 그 기간이 얼마나 될지는 아무도 모를 일이었다.

'승은을 입은 몇몇' 을 빼고는 규율과 법도에 얽매여 외부와 차단된 채 외롭고 쓸쓸한 생을 보내야 했던 궁녀들은 어쩌면 봉건 왕조의 희생자였을지 모른다.

【註】
1) 宮詞(궁사): 宮女들의 怨恨을 民謠體로 노래하는 것. 한편으로는 宮內의 秘事나 遺聞을 풍자적으로 읊은 詩들도 있다.
2) 深宮(심궁): 깊은 궁궐, 구중궁궐.
3) 一聲(일성): 한 가락, 한 곡조.
4) 何滿子(하만자): 樂府의 제목. 宮女들의 원한을 소재로 한 歌曲.
5) 雙淚(쌍루): 눈물 흘리다. 두 줄기 뜨거운 눈물.
6) 君前(군전): 皇帝 앞, 임금님 앞.

> 待山月
> 皎然
>
> 夜夜憶故人
> 長教山月待
> 今宵故人至
> 山月知何在
>
> 그 달은 어디에
> 교연
>
> 밤이면 밤마다 벗이 그리워
> 산 위에 뜬 달 못 본 체하였네
> 오늘 밤 드디어 벗이 오셨는데
> 산 위에 뜨던 그 달 어디 있는지 모르겠네

호수에 잠긴 달

호수에 잠긴 달은 당신의 고운 얼굴

다정한 미소 띄운 그리운 그 얼굴

풀잎을 스쳐 가는 바람의 속삭임은

잊으려고 애쓰던 다정한 님 목소리

아는가 그대는 이 맘의 사랑을

별마저 잠든 밤 나 홀로 외로워
호수에 잠긴 달은 당신의 고운 얼굴
다정한 미소 띄운 그리운 그 얼굴

이 노래는 1970년대 중반쯤 '세부엉'이라는 남자 트리오가 불러서 인기를 모은 곡이다. 비슷한 분위기로 노래한 '아도니스', '호와 섭' 등의 듀엣도 있었는데 같은 가수들인지 멤버 중의 한두 사람이 옮겼는지는 확실하지 않다.

호수는 낮보다도 밤에, 밤도 초승달이나 그믐달이 아니라 보름달이 뜬 밤에 가보는 것이 훨씬 사색적이다. 호수에 비친 달을 바라보면, 달이 대낮같이 환하게 비추고 있는 호수를 바라보면 누구나 감상적이 된다. 이그러진 달이 떠 있는 호숫가는 왠지 애잔하기도 하고 처연해서 싫다. 또 모른다. 좀처럼 치유하기 힘든 상처를 안고 가면 침울하고 가라앉은 분위기가 위안이 되고 치료가 될지도……. 어쨌거나 호수에 잠긴 달은 보름달이 좋다.

호수도 낮에는 바쁘다. 스스로 바쁜 것이 아니라 사람들이, 그들이 타고 오고가는 배가, 뛰노는 물고기나 새가 호수를 귀찮게 한다. 이른 새벽의 호수를 깨우는 것은 물안개다. 물안개는 아주 조심스럽게 다가와서 깊은 잠에 빠져 있는 호수를 간지럽힌다. 그래도 일어나는 기색이 없으면 살살 만져 준다. 이윽고 호수는 눈을 뜬다. 안개는 캐시미어 이불처럼 호수가 일어날 때까지 포근하게 감싸 준다. 오전의 안개와 놀아 주는 것은 물새들이다. 물새들은 호수를 톡톡 건드리며 심심치 않게 해준다. 가끔 커다란 물고기가 느닷없이 솟구쳐 호수를 놀래키기도 한다. 오후가 되면 호수는 몸살을 앓는다. 낚시하러 온 사람들, 여기저기로 부산스럽게 오가는 배들, 사정없이 내리쬐는 햇빛이 호수를 성가시게 한다. 저녁에 호수는 잠시 휴식을 취한다. 그리고는 이내 일어나 예쁘게 단장을 한다. 늘 변함없는 친구인 달이 찾아올 시간이 가까울수록 가슴이 설렌다. 비가 오거나 눈보라가 훼방을 놓지 않으면 늘 보는 친구인데도 가슴이 설렌다. 호수와 달은 나이 든 이성 친구처럼 늘 설레는 심정으로 만난다. 그런 친구가 그립다.

【註】
1) 夜夜(야야): 밤마다.
2) 故人(고인): 오래된 친구, 벗. 故舊.
3) 長敎(장교): 오랫동안 ~시키다, 하게 하다. '長'은 '使'와 같다.
4) 山月待(산월대): 산 위에 뜬 달을 그냥 기다리게 하다, 못 본 체하다.
5) 今宵(금소): 오늘 밤. 宵↔晨.

夜雨寄北
李商隱

君問歸期未有期
巴山夜雨漲秋池
何當共剪西窓燭
却說巴山夜雨時

비오는 밤에 아내에게
이상은

당신은 돌아갈 날 묻지만 기약이 없고
파산에 내리는 비 가을 못물 불게 하네
언제나 다시 서창에서 촛불 심지 다듬으며
지난 일 더듬으며 파산에 밤비 오던 때를 얘기하게 될는지

빗물

조용히 비가 내리네 추억을 달래 주듯이

이렇게 비가 내리면 그날이 생각이 나네

옷깃을 세워 주면서 우산을 받쳐 준 사람

오늘도 잊지 못하고 빗속을 혼자서 가네

어디에선가 나를 부르며 다가오고 있는 것 같아

돌아보면은 아무도 없고 쓸쓸하게 내리는 빗물 빗물
조용히 비가 내리네 추억을 달래 주듯이
이렇게 비가 내리면 그 사람이 생각이 나네

다소 허스키한 목소리로 애잔한 감정을 섞어서 부르는 채은옥은 몇 살 아래의 우리 또래 고등학교 남학생들한테 하나의 우상이었다. 게다가 그 나이에는 여대생이나 교생들 같이 조금은 연상의 여인들에게 막연한 그리움이나 연모의 정을 느끼는 때라 더욱 절절했다. 그래서 어떤 친구는 비오는 날 채은옥 같은 여성에게 우산을 한번 씌워 줄 수 있다면 여한이 없겠노라는 넋두리를 하곤 했다.

그렇게 비가 내리면, 갈수록 스산해지는 늦가을 오후 황량한 보도 위를 적시는 비가 내리면 우리는 제법 고즈넉하게 시작도 끝도 없는 상념에 잠겨들곤 했다. 학구파들은 수업이 끝나기가 무섭게 도서관으로 향하거나 집으로 돌아갔지만, 좋게 말하면 감성이 예민하고 나쁘게 말하면 다소 노는 데 끼가 다분한 우리 같은 비학구파는 저물녘까지 운동장에서 놀거나 아니면 학교 뒷산에 올라가 담배를 피워 물다가 내려오곤 했다. 그 당시 신촌 근방에는 잡탕집이나 싸구려 튀김집이 많았다. 주머니 사정이 빈약한 우리는 당연히 튀김집에 들어가 남몰래 소주 몇 잔씩을 들이키고는 일대를 배회하거나 이화여대에 들어가 여기저기를 기웃거리곤 했다. 튀김집에는 가난한 대학생 형들이 많았는데 우리를 불쌍히 여겨 아무 소리 없이 소주나 튀김을 시켜 주는 형들도 있었고, 나중에 후회하지 말려거든 이런 데 다니지 말고 공부나 열심히 하라고 꾸중하는 형들도 있었다.

지금도 이대 근처에 갈 기회가 있으면 그 시절 생각이 난다. 맘씨 좋은 아저씨, 아줌마, 그리고 그 형들은 잘들 지낼까…….

【註】
1) 寄北(기북): 북쪽에 부치다. 북녘의 ~에게 부치다.
2) 君(군): 그대. 보통은 남자끼리 쓰이지만 여기서는 작자의 아내를 가리킨다.
3) 未有期(미유기): 기약이 없다. 언제일 줄 모른다.
4) 巴山(파산): 四川의 산들. 四川省 南江縣 북쪽에 大巴山, 小巴山이 있다.
5) 漲(창): 물이 붇다. 많아지다. 漲水.
6) 何當(하당): 언제쯤일까. 그날이 언제일까.
7) 剪(전): 베다. 자르다. 剪枝.
8) 西窓(서창): 서쪽 창가. '窗' 은 '窓' 의 本字.
9) 却說(각설): 말머리를 돌릴 때, 첫머리에 허두로 쓰는 말.

> 怨詩
> 孟郊
>
> 試妾與君淚
> 兩處滴池水
> 看取芙蓉花
> 今年爲誰死
>
> 내 설움을
> 맹교
>
> 제 눈물 님의 눈물
> 이쪽과 그쪽 두 연못에 방울지게 떨어뜨려서
> 거기서 자란 연꽃 가운데
> 올해 어느 것이 먼저 시들까요?

　　　　　눈물은 모든 예술 분야에 있어 영원한 소재이자 숙제다. 시, 소설, 희곡, 영화, 무용, 음악 등에 있어서 눈물은 자주 등장하는 소재다. 눈물은 사랑과 통하고, 정과 통하고, 미움과 통하고, 질투와 통하기 때문이다. 그리고 효와도 통한다. 요즘은 때리고 부수고 웃기는 것들이 국산영화의 큰 줄기를 이루지만 전에는 울리는 것들이 주를 이뤘다. 『미워도 다시 한 번』 같은 영화나 『장희빈』 같은 TV 드라마에서 웃는 장면은 거의 찾아볼 수가 없다. 손수건 하나씩을 준비하고 질질 짜면서도 사람들은 그런 최루성 영화와 드라마를 열심히들 봤다.

가요는 사정이 더하다. 가요야말로 시대 정서를 반영한다고 하지만 일제시대, 해방 후 1950~60년대, 사정이 조금 나아진 1970~80년대 그리고 지금에 이르기까지 가사 중에 눈물이 들어가지 않은 노래는 별로 없다. 자, 그럼 1920년대부터 제목에 눈물이 들어간 노래를 한 번 더듬어 보자. 괄호 안은 부른 가수다.

눈물 젖은 두만강(김정구) · 목포의 눈물(이난영) · 불효자는 웁니다(진방남) · 홍도야 울지 마라(김영춘) · 울고 넘는 박달재(박재홍) · 울며 헤진 부산항(남인수) · 울어라 문풍지(이난영) · 울어라 쌍고동(남인수) · 울어라 은방울(장세정) · 나는 울었네(손인호) · 물새 우는 강언덕(백설희) · 백마야 울지 마라(명국환) · 울어라 기타불(손인호) · 누가 울어(배호) · 눈물을 감추고(위키리) · 물새 우는 해변(권혜경) · 바보처럼 울었네(진송남) · 사랑은 눈물의 씨앗(나훈아) · 눈물로 쓴 편지(김세화) · 눈물이 진주라면(이미자) · 두 줄기 눈물(나훈아) · 울고 싶어(배호) · 첫사랑의 눈물(김추자) · 우는 아인 바보야(하남석) · 눈물 한 방울로 사랑은 시작되고(이유진) · 눈물의 편지(인순이) · 울면서 후회하네(주현미) · 눈물의 부르스(주현미) · 울고 싶어라(이남이) · 난 바람 넌 눈물(백미현 · 신현대) · 당신도 울고 있네요(김

종찬)·그 사랑이 울고 있어요(신정숙)·눈물 흘리지 말아요(이문세·이재경)·내 눈물 모아(서지원)·눈물(리아)·눈물 내리는 날(조트리오)·당신의 눈물(태진아)·루비(슬픈 눈물)(핑클)·울지 말아요(KNOCK) 등 이루 다 헤아릴 수 없이 많다. 여기에 가사에 눈물이 들어가는 곡까지 포함하면 정말이지 우리 민족은 눈물 많고, 한 많고, 설움 많은 민족이구나 싶다.

팝송 중에도 눈물이 들어가는 곡은 얼마나 될까. 잘 몰라서 그런지 몰라도 그렇게 많은 것 같지는 않다. Aphrodite's Child의 〈Rain & Tears〉가 있고, Eric Clapton의 〈Tears in Heaven〉, Elvis Presley의 〈Crying in the Chapel〉, Box Tops의 〈Cry Like a Baby〉, Elaine Page의 〈Don't Cry for Me Argentina〉, Rolling Stones의 〈As Tears Go By〉, Everly Brothers의 〈Crying in the Rain〉, Roy Orbison의 〈Crying〉, Boy George의 〈Crying Game〉 정도가 생각날 뿐이다.

【註】
1) 試(시): 시험하다, 해보다, 맛보다.
2) 滴水(적수): 물을 방울지게 떨어뜨리다, 또는 그 물방울.
3) 芙蓉花(부용화): 연꽃.
4) 爲誰死(위수사): 누가 먼저 죽을까, 어느 꽃이 먼저 시들까.

> 別湖上亭
> 戎昱
>
> 好是春風湖上亭
> 柳條藤蔓繫離情
> 黃鶯久住渾相識
> 欲別頻啼四五聲
>
> 호숫가 정자에서 사랑하는 여인을 떠나며
> 융욱
>
> 봄바람 불어오는 호상정이 너무도 좋아
> 버드나무 가지와 등넝쿨이 떠나려는 나의 정을 붙드네
> 꾀꼬리도 같이 오래 지내 잘 알기에
> 헤어지려는데 너댓 번씩이나 자꾸만 울어댄다

이 시의 제목이 '이가별호상정(移家別湖上亭)'으로 된 책들도 있다. 우리말로 옮기면 '이사 가느라 호상정과 헤어지며' 정도일 것이다. 요즘은 이사를 자주 하지 않아서 '이사'라는 말이 생소하겠지만—하기야 사람 사는 곳에 늘 이사는 있는 법이어서, 있는 사람들은 집을 넓혀 가느라 자주 옮기고 없는 사람들은 이런저런 사정 때문에 자주 옮겨야 하는 것이 사실이지만—전에는 자고 나면 동네 사람들 중에 몇몇은 이사 가는 바람에 헤어지

는 것이 다반사였다. 오죽하면 1970년대 유행한 노래 중의 하나 여성 듀엣 산이슬이 부른 〈이사 가던 날〉이 아니었던가. 지금도 그 애절한 가사가 생각난다.

　　이사 가던 날 뒷집 아이 돌이는
　　각시 되어 놀던 나와 헤어지기 싫어서
　　장독 뒤에 숨어서 하루를 울었고……

　오죽 이웃집 여자아이와 정이 들었으면 장독 뒤에 숨어서 떠나는 것도 보지 못하고 하루 종일 울었을까. 옆집 계집애 이사 가지 못하게 해달라고 조르다가 꾸지람도 많이 듣고, 매도 많이 맞고, 그러다가 막상 이사 가는 날에는 분하고 억울하고 무엇보다 헤어지기 싫어서 사내녀석이 울어댔을까. 그 당시는 다들 그랬을 것이다. 사내아이든 계집아이든 그렇게 이사 가면 인생이 다 끝나는 줄 알았다. 친구들 눈총에 손가락질 받아 가며 신랑각시놀이—장난감 그릇에 밥도 하고 반찬도 하고, 서로 부부가 되어 밥도 먹여 주고, 인형을 둘러 업고 잠도 재워 주던…… 추억 속에 아련한 그 놀이—도 했었는데 세상이 무너지는 것보다 더 견디기 힘들고, 꿈에서조차 생각하기 싫은 이사를 가다니 말이다.

그렇게 친하게 지내던 또래―여자아이든 남자아이든―가 허망하게 이사를 가고 나면 한동안은 세상 살기가 다 귀찮아서 밥도 먹기 싫었고, 학교도 가기 싫었고, 골목길에서 놀기도 싫었다. 오직 한 가지 기다리는 것은 편지, 아니면 그애가 놀러오는 것이었다. 하지만 우리에게 오는 것은 편지도 그애도 아니었다. 우리를 기다리는 것은 망각뿐이었다. 시간이 지나면 다 잊혀진다는 것을 훨씬 나중에야 알았지만 어쨌든 한두 달이 지나면 그렇게 절실하던 것들이 신기하게도 다 잊혀졌다. 그리고 우리는 나이를 먹어 갔다.

【註】
1) 別湖上亭(별호상정): 亭子 이름. 작자가 살던 집 부근에 있는 정자. 사랑하는 妓生의 이름이라는 說도 있다.
2) 柳條藤蔓(유조등만): 버드나무 가지와 등나무 덩굴.
3) 繫離情(계리정): 이별의 정. 떠나려는 정.
4) 久住(구주): 오래 살다.
5) 渾相識(혼상식): 모두 알다, 완전히 알다. 오래 머물러 서로 알아보는 것은 물론이고 두 사람이 헤어지는 것조차도 안다는 뜻.
6) 欲別(욕별): 헤어지려 하다. 이별하려 하다.
7) 頻啼(빈제): 자주 울다. 빈번하게 울다. 頻煩.

> **題都城南莊**
> 崔護
>
> 去年今日此門中
> 人面桃花相映紅
> 人面不知何處去
> 桃花依舊笑春風
>
> **도성 남쪽 별장에서**
> 최호
>
> 지난 해 이곳에서는
> 그 님 얼굴 복사꽃과 함께 어울려 붉었는데
> 그 님은 어디 가시고
> 복사꽃만 여전히 봄바람에 웃음짓네

오백 년 도읍지를 필마로 돌아드니

산천은 의구하되 인걸은 간데없다

어즈버 태평연월이 꿈이런가 하노라

   고려 말의 유학자 야은(冶隱) 길재(吉再)의 시조로 초등학교 땐가 중학교 땐가 배워 눈에 익은 작품이다. 배운 바와 같이 스러져 간 고려를 그리워하는 글이다.

옛 동산에 올라

내 놀던 옛 동산에 오늘 와 다시 서니
산천의구란 말 옛 시인의 허사로고
예 섰던 그 큰 소나무 베어지고 없구료

지팡이 던져 짚고 산기슭 돌아서니
어느 해 풍우엔지 사태져 무너지고
그 흙에 새 솔이 나서 키를 재려 하는구료

이은상 시(詩), 홍난파 곡(曲)으로 기성세대 애창가곡 중의 한 곡이다. 보통 많은 시에서는 산천은 의구하다는데 이 시에서만큼은 옛 시인의 허사로 단정짓고 있다. 오래 전의 작품인데 요즘 실정과 아주 들어맞는 듯하다. 물론 작자가 쓸 때는 전쟁이라든가 세월이나 풍우 때문이라는 특별한 상황이 있었겠지만 요즘은 일 년 내내 전 국토의 공사장화가 돼 있어서 새삼스러울 것도 없다. 적어도 우리 나라에서는 국어사전에서 '산천의구(山川依舊)'란 단어는 삭제해야 한다. 서울에서 자란 나도 어렸을 적 동네를 가보면 어디가 어디인지 알 길이 없다. 깡그리 갈아 엎은 탓이다. 신동엽 시인은 '4

월은 갈아 엎는 달' 이라고 했는데 요즘은 일 년 열두 달 전국 어디에서든지 다 갈아 엎는다.

앞으로 50년쯤 뒤 다다음 세대가 이 땅에서 살게 될 때 그들은 뭐라고 할까? 철저하게 파헤쳐지고 뒤집혀진 국토를 바라보며 뭐라고 선조들을 욕할까? 적어도 1960년대에서부터 2010년대까지 이 땅에 뿌리를 내리고 살았던 사람들은 욕을 진창으로 얻어 먹어도 싸다. 개발이라는 미명하에 이 땅을 더럽힌 정부 당국자들도 욕먹어야 하고, 산행과 낚시와 행락이라는 허울하에 국토를 어지럽힌 우리들 모두도 비판받아 마땅하다. 이제는 '산천의구' 대신 '산천부재(山川不在)' 내지는 '산천실종(山川失踪)'의 시대다. 한심한 일이다.

【註】
1) 都城南莊(도성남장): 도성 남쪽에 있는 별장지대.
2) 去年(거년): 작년, 지난 해.
3) 此門中(차문중): 이곳에서, 이 별장지대에서.
4) 人面(인면): 사람 얼굴. 여기서는 지난해 오늘 우연히 만났던 아리따운 아가씨의 얼굴.
5) 相映紅(상영홍): 서로 붉게 비치다.
6) 依舊(의구): 예전 그대로. 山川依舊.
7) 笑(소): 허망한 웃음, 쓴웃음. 혹시나 하고 갔다가 그리던 여인을 만나지 못한 데서 나오는 허전한 웃음.

> 江樓書懷
> 趙嘏
>
> 獨上江樓思渺然
> 月光如水水連天
> 同來翫月人何處
> 風景依稀似去年
>
> 강루에서 지난 날을 그리며
> 조하
>
> 혼자 강루에 오르니 생각이 아득한데
> 달빛은 물 같고 물은 하늘에 이어졌네
> 함께 달을 즐기던 사람은 어디에 있는지
> 경치는 완연하여 지난해와 같은데

늘 하는 소리지만 자연은 변함이 없다. 다만 인간이 변할 따름이다. 자연은 늘 그대로인데 그것을 보고, 완상(玩賞)하고, 즐기는 사람들이 바뀔 뿐이다. 해서 사람의 마음에 따라 자연은 여러 갈래로 보인다. 사랑하는 사람과 같이 가서 즐기는 자연은 말 그대로 즐거움이요, 싫은 사람과 억지로 가서 보는 자연은 고역일 뿐이다. 늘 보던 달, 강, 시냇물, 꽃, 산새, 들풀, 하늘, 구름이 다양하게 느껴지는 것도 그 때문이다.

그러나 이런 대전제도 이제는 수정이 되어야만 할 것 같아 안타깝다. 지구가 만들어진 이래 그렇게 변함없이 이어져 오던 자연도 이제는 바뀌고 있다. 선인(先人)들의 시대에는 풍경들이, 산천이, 자연이 늘 지난해와 같았다. 10년이 흘러도 같았고, 30년이 흘러도 크게 다를 바 없었다. 그런데 요즘은 어떤가. 봄에 갔던 곳도 가을에 가면 알아보기가 힘들 지경이다. 특히 도시 근교나 수도권일수록 사정은 더하다. 고정 불변으로 있던 산과 강과 들풀은 말할 것도 없고, 하늘과 달과 구름도 급변하고 있다. 우리가 어릴 적 여름이면 달려가 미역을 감던 한강에서 언제부터인가 눈을 씻고 보아도 수영하는 사람을 찾아볼 수가 없다. 늘 굶주렸던 우리에게 계절마다 풍성한 먹거리를 안겨 주던 산에 가봐야 사정은 뻔하다. 적어도 2~30년 전의 하늘은 가을이면 드높았는데 이제는 가을이 되어도 늘 흐릿하다. 늘 주기적으로 찾아오던 자연현상도 요즘은 슈퍼컴퓨터를 쓰는 기상청에서조차 제대로 알아맞히지 못한다.

그렇게 확연하지 않은 자연인데도 사람들은 달려가 안기고 싶어 한다. 자연은 어머니의 품과 같기 때문이다. 어머니와 같이 자애롭게 감싸 주기 때문이다. 우리는 어머니가 건강하실 때는 우리가 얼마나 신경을 안 써 드리고, 불효하는지 잘 모른다. 어머니가 어느 날 갑자기 쓰러지신 다음에야 허겁지겁 전화도 드리고 찾아가 뵙기도 한다. 그러다 조금 차도가 있으면 다시 나 몰라라 한다. 그러다가 세상을 등지신 다음에야 울고 후회를 하고 그런다. 소 잃고 외양간 고치면 무엇 하고, 돌아가신 다음에 제사상에 아무리 진수성찬을 차려 봐야 무엇 하는가.

자연이 늘 있던 장소에, 늘 그대로 의연하게 자리하고 있어야 우리 마음도 푸근하다. 아무런 걱정도 없어진다. 작년에 가고, 올해 가고, 내년에 가도 늘 같은 자연이 존재해야 우리도 사는 맛이 있고 보람이 생긴다. 사람이 바뀌어도 좋다. 자연만 거기 그대로 있다면 아무래도 좋다. 우리 마음이야 치유하면 된다.

【註】
1) 江樓(강루): 강가에 있는 누각.
2) 書(서): 詩를 짓다, 글을 쓰다.
3) 渺然(묘연): 아득히 넓은 모양, 끝이 없는 모양. 杳然.
4) 同來翫月人(동래완월인): 함께 와서 달 구경을 한 사람. 사랑했던 여인으로 봐도 좋고, 벗으로 새겨도 좋다. '翫'은 '玩'과 같다.
5) 依稀(의희): 희미하고 어렴풋한 모양, 분명하지 않음, 비슷한 모양. 이 시에서는 '彷彿', '宛然'과 같은 뜻으로 쓰였다. 거의 똑같음.
6) 去年(거년): 지난해, 예전.

閨情
李端

月落星稀天欲明
孤燈未滅夢難成
披衣更向門前望
不忿朝來鵲喜聲

님 그리워
이단

달 지고 별도 성기고 날은 밝아 오는데
스산한 등불 가물거리는데 잠도 오질 않네
옷 걸치고 행여 님 오실까 다시금 문 밖에 나서니
아침부터 부질없이 울어대는 까치가 무슨 죄가 있으리오

산까치야

산까치야 산까치야 어데로 날아가니

네가 울면 우리 님이 오신다는데

너마저 울다 저 산 넘어 날아가면은

우리 님은 언제 오나

너라도 내 곁에 있어 다오

산까치야 산까치야 어데로 날아오니
네가 오면 우리 님도 오신다는데
너마저 울다 저 산 넘어 날아가면은
이 마음은 어이하나
너라도 내 곁에 있어 다오

　　　　언제나 청순한 이미지로 어린 남학생들의 인기를 한 몸에 받았던 최안순이 부른 노래다. 이 노래는 1970년대 중반쯤 나온 것으로 기억이 되는데, 남편이 중동 건설 현장에 나갔거나, 지방에 출장 갔거나, 배를 타고 멀리 떠난 집에서는 부인들이 시도때도 없이 〈산까치야〉를 불렀다고 한다.
　까치는 예로부터 길조로 알려져 왔다. 해서 까치가 동네 어구에 있는 나무에서 울면 동네에 경사가 날 거라고 노인분들이 좋아하셨고, 집 앞에 있는 나무에서 까치가 울면 부모님이 괜히 들떠 하시던 기억이 난다. 해서 어린 나이에도 집안 공기가 가라앉거나 입시철이 되면 까치가 와서 울기를 속으로 빌기도 했다.
　그러던 까치가 요즘 시골에서는 애물단지가 되었다. 특히 과수원에서는 까치들 극성에 피해가 막심한 모양이다. 어떤 면사무소에서는 까치를 사냥하면 마리 당 얼마씩 준다고도 하니 실정이 어떤지를 짐작할 만하다. 하지만 이 까치란 놈이 또 여간 영리한 게 아니어서 잘 잡히지도 않고 약을 놓아도 잘 먹지도 않아 골머리를 앓는다고 한다.

세상에 고정불변인 것은 아무것도 없다. 시대에 따라서 상황에 따라서 기존 개념들이, 고정관념들이 서서히 바뀌고 있다. 나이가 들수록 딱딱해지기 쉬운 우리의 사고를 바꿀 때다.

【註】
1) 閨情(규정): '閨'는 안방, 도장방, 부녀자의 거실, 부인. 곧 규방에서 느끼는 정, 님을 그리는 마음.
2) 天欲明(천욕명): 하늘이 밝아지려 하다, 날이 새다. 天明.
3) 夢難成(몽난성): 꿈을 꾸기가 어렵다, 잠을 이루기가 어렵다.
4) 披衣(피의): 입다, 옷을 걸치다.
5) 更向(갱향): 다시 ~로 향하다. 행여 먼길 떠났던 님이 오실세라 자주 문으로 향하는 아낙네의 지극한 마음이 엿보인다.
6) 不忿(불분): 분하지 않다, 성내지 않다. 忿怒.
7) 鵲喜(작희): 까치가 울면 기쁜 일이 생김을 이름.

> **偶成**
> 李清照(宋)
>
> 十五年前花月底
> 相從曾賦賞花詩
> 今看花月渾相似
> 安得情懷似往時
>
> **문득 떠올라서**
> 이청조(송)
>
> 15년 전 달빛 머금은 꽃 아래서
> 서로 꽃을 완상하며 시도 여러 번 지었었지
> 오늘 보니 그 꽃과 달 예전 그대로인데
> 내 마음 어찌 예전과 같을 수 있으리오?

　　서울에 사는 사람들이 제일 많이 가는 곳 중의 하나가 고수부지가 아닌가 싶다. 전에는 '고수부지'로 방송이고 신문에서 떠들더니 언젠가부터 '둔치'라고 해야 맞단다. 많은 사람들이 쓰는 말이 표준말이지 별게 표준말인가. 해마다 바뀌는 맞춤법 때문에 골머리가 다 아프다. '고수부지'면 어떻고 '둔치'면 어떤가.

　　각설하고 시골 사람들도 여의도 고수부지는 다 안다. 63빌딩, 유람선, 벚꽃놀이, 방송사, 국회 등으로 이제는 여의도가 관광 코스가 돼 버렸다. 예전에는 선거철만 되면 유세장이 되어 난리였는데, 여의도공원은 잘 만든 것 같다. 시설만 보완한다면.

봄의 고수부지는 벚꽃이 필 무렵 그 절정을 이룬다. 각지에서 벚꽃 구경을 온 사람들은 꽃구경이 끝나면 고수부지로 내려가 도시락을 까 먹거나 소줏잔을 기울이곤 한다. 그 즈음 고수부지에서 먹는 도시락맛과 소주맛은 각별하다. 허구한 날 사방이 꽉 막힌 식당에서 악다구니로 코로 밥을 먹는지 입으로 밥을 먹는지 모르게 허겁지겁 먹다가 모처럼 탁 트인 곳에 나가, 그것도 특별 주문한 도시락을 까 먹으면 학창 시절의 추억도 새록새록 떠오르고 해서 맛이 유별나기 마련이다. 특별 주문한 도시락이 아니어도 좋다. 그냥 대충 말은 김밥이면 또 어떤가. 콩자반에다 김치만 들어 있는 보리밥 도시락이라도 고수부지에서는 맛있을 것이다. 옹기종기 모여 앉아 가슴이 따뜻해지는 대화를 나누며 점심을 먹다 보면 여기가 바로 별유천지가 아닌가 하는 생각마저 들 때가 있다. 봄의 화사한 햇볕 아래 고수부지에 나가 한번 같이 밥을 먹으면 아무리 서먹서먹한 사이라도 이내 가슴을 열고 시원한 대화를 나눌 수 있을 것이다.

여름의 고수부지는 한마디로 난장판이다. 초저녁부터 고수부지는 더위를 피하려는 사람들로 인산인해를 이룬다. 젊은이들은 젊은

이들대로 나이 든 사람들은 나이 든 사람들대로 서로 어울려 북새통을 이룬다. 해서 10시 무렵이면 벌써 고래고래 술주정을 하는 사람들도 있고, 옆의 사람들과 시비가 붙어 얼굴을 찌푸리게 하는 치들도 있고, 남의 시선 아랑곳하지 않고 서로 껴안고 낯뜨거운 장면을 연출하는 철부지들도 있고, 남들이야 떠들건 말건 잠만 자는 천진무구파도 있고 해서 고수부지는 몸살을 앓는다.

거기다 장마라도 져서 한강 물이 불어나면 고수부지는 그야말로 진흙뻘밭의 처참한 몰골을 하게 된다. 그렇게 엉망진창이 된 고수부지가 다시 제 모습을 갖추려면 몇 개월에 걸쳐 지속적인 쓰레기 수거와 세척 작업을 거쳐야 한다. 여느 때는 사람들로 북새통이다가 비가 오면 물난리 속에 산뜻한 모습을 상실하는 고수부지에게 여름은 이래저래 고행의 계절이다.

초가을의 고수부지는 계절에 어울리게 분위기 있는 사람들이 찾는다. 제법 서늘해진 강바람을 맞으며 사람들은 지나간 계절을 반추하거나, 지금은 어디 사는지도 모르는 헤어진 옛 애인을 떠올리거나, 결실의 계절을 코앞에 두고 지난 1년을 반성해 보거나, 어디서 흘러왔다가 어디로 흘러가는지도 모르는 강물을 하염없이 바라보며 상념에 빠져들곤 한다.

초가을의 고수부지는 그래서 사색적이다. 늘 곁에서 흐르는 강물도 뭔가를 생각하며 흐르는 것 같고, 잔뜩 탈색이 된 나뭇잎들로 겨우 몸을 가린 나무들도 골똘한 모습으로 서 있고, 누렇게 변해 가는 잔디밭도 그 어떤 체념이나 달관의 모습을 보여주며, 그 위로 가끔씩 불어오는 강바람도 바삐 서둘거나 하지 않고 여유로운 자세로 다가온다.

그런 고수부지를 찾는 사람들도 한결 성숙한 모습을 보여준다. 그들은 전처럼 쉽게 화내지도 않고, 남과 다투지도 않으며, 큰 소리를 내지도 않고, 함부로 쓰레기를 버리지도 않으며, 술을 마셔도 과음하지 않고, 자신의 주장을 내세우기보다는 남의 얘기에 귀 기울일 줄 알며, 흐르는 강물과 부는 바람과 그늘을 만들어 주는 나무들과 대화할 줄도 안다.

하지만 가을이 깊어 갈수록 사람들은 고수부지와 헤어져 산다. 기껏해야 한겨울에 연 날리는 꼬마들만이 고수부지를 찾을 뿐이다.

【註】
1) 偶成(우성): 뜻밖에 됨. 우연히 이루어짐. 또는 그 작품. 偶作.
2) 花月(화월): 해와 달. 꽃에 비치는 달.
3) 底(저): 밑. 아래. 海底.
4) 相從(상종): 서로 친하게 지냄. 함께 따라감.
5) 曾(증): 더하다, 거듭하다.
6) 賦詩(부시): 시를 짓다.
7) 賞花(상화): 꽃을 즐김. 꽃을 완상함. 鑑賞.
8) 渾相似(혼상사): 아주 비슷하다, 매우 닮았다.
9) 安得(안득): 어찌 ~할 수 있으랴.
10) 往時(왕시): 예전, 옛날. 往昔.

> 旅燈
> 申欽(朝鮮)
>
> 旅館殘燈夜
> 孤城細雨秋
> 思君意不盡
> 千里大江流
>
> **멀리 객지에서**
> 신흠(조선)
>
> 여관의 등잔불이 가물거리는 밤
> 외따로 떨어진 성에 가을 가랑비 내리네
> 님을 생각하는 마음 다함이 없어
> 천 리 큰 강물처럼 흐르네

　　신문의 일기예보란을 보면 가끔씩 비의 종류를 설명하는 데 비가 몇 ㎜가 오고 바람이 어느 정도 부는가 하는 과학적인 근거를 바탕으로 나누고 있다. 여기서는 다분히 감성적으로 비를 구분해 보자.

· 감우(甘雨): 알맞은 때, 알맞게 내리는 비. 단비. 가뭄 끝에 오는 반가운 비.

· 곡우(穀雨): 24절기의 여섯째. 청명과 입하 사이로 양력 4월 20일이나 21일경.

· 구우(久雨): 오랫동안 내리는 비. 장마.

· 뇌우(雷雨): 천둥 소리가 나며 내리는 비.

· 대우(大雨): 큰비.

· 매우(梅雨): 매실이 익을 무렵에 내리는 장마. 6월 10일경부터 7월 10일경까지 양자강 유역에서 일본에 걸쳐 내리는 장마.

· 맹우(猛雨): 세차게 내리는 비.

· 모우(暮雨): 저녁 때 내리는 비.

· 미우(微雨): 보슬보슬 내리는 가는 비.

· 사우(絲雨): 실같이 가늘게 내리는 비.

· 산우(山雨): 산에 오는 비.

· 세우(細雨): 가랑비.

· 소우(小雨): 조금 오는 비. 조금 오다가 그친 비.

· 소우(疎雨): 성기게 오는 비.

· 시우(時雨): 철을 맞추어 오는 비.

· 야우(夜雨): 밤비.

· 운우(雲雨): 구름과 비.

- 음우(陰雨): 몹시 흐린 가운데 오는 비. 오래 내리는 궂은비.

- 음우(霪雨): 오래 오는 장맛비. 궂은비.

- 임우(霖雨): 장마.

- 자우(慈(滋)雨): 생물에게 혜택이 되게 오는 비.

- 질우(疾雨): 몹시 내리는 비.

- 청우(晴雨): 청천(晴天)과 우천(雨天). 맑게 갠 하늘과 비 내리는 하늘(또는 날).

- 취우(翠雨): 푸른 잎에 매달린 빗방울. 곧, 여름 비.

- 취우(驟雨): 소나기.

- 토우(土雨): 흙비.

- 폭우(暴雨): 갑자기 많이 쏟아지는 비.

- 풍우(風雨): 바람과 비. 풍속 10m 이상 정도로 비를 수반하는 바람.

- 하우(夏雨): 여름철에 내리는 비.

- 한우(寒雨): 찬 비. 겨울에 오는 비.

【註】
1) 殘燈(잔등): 등잔의 기름이 다하여 꺼지려고 가물거리는 등불. 깊은 밤의 깜박거리는 등불. '殘釭(잔강)'과 같다.
2) 孤城(고성): 외따로 떨어져 있는 城.
3) 細雨(세우): 가랑비, 이슬비.
4) 思君意不盡(사군의부진): 님 생각하는 마음 다함이 없어.
5) 大江流(대강류): 큰 강물처럼 흐르다.

無題
崔慶昌(朝鮮)

君居京邑妾楊州
日日思君上翠樓
芳草漸多楊柳老
夕陽空見水西流

님 그리워
최경창(조선)

님은 서울 계시고 이 몸은 양주에
날마다 님 그리며 취루에 오릅니다
방초 우거질수록 버들은 시들어 가고
해질 무렵 한양으로 흘러가는 강물만 부질없이 보이네요

　　　사람의 심리가 참으로 묘한 것이어서 거리상으로 아주 멀거나, 시간상으로 기약한 날이 있으면 끈기 있게 잘 기다리는데, 거리가 가깝거나 돌아올 기약 없이 떠났으면 조바심을 내기 마련이다. 양주에서 서울은 그리 먼 거리는 아니다. 지금이야 차 타면 1시간 거리지만 조선시대 때는 넉넉히 잡으면 이틀 거리였다. 배를 타면 더 가까운 거리다.
　　계절은 늦봄쯤. 님이 떠난 것은 봄이 한참일 때. 다시 오마고 기약하며 버들가지를 꺾어 주고 갔으니까 4월 하순에서 5월 초순이다. 그 님을 기다리고 있는 지금은 5월 하순이나 6월 초. 꽃다운 풀잎들이 우거지고 님이 주고 간 버들가지가 다 시들었으니 그때쯤이다. 그러니 아무리 길게 잡아도 님이 서울로 가신 지는 한 달 내외다. 그렇지만 거리가 가깝고 언제 온다는 기약 없이 떠났으니 날마다 취루에 올라 서울을 바라볼 수밖에…….

버들가지는 하루하루 시들어만 가는데, 온갖 화초들은 나날이 새롭게 피어나고 자란다. 높은 누각에 올라 속절없이 흘러가는 강물을 바라보니 차라리 저 강물이 부럽기만 하다. 아무것도 모르는 강물은 오늘 저녁이면 서울에 가 닿을 텐데 이내 몸은 하릴없이 기다리고만 있으려니 답답하고 막막하고 애간장이 다 끓는다.

인생은 어차피 기다림의 연속이다. 어려서는 명절이 기다려지고, 좀 커서는 사랑하는 사람을 기다리고, 그러다가 결혼을 기다리고. 애 낳기를 기다리고, 그애가 무럭무럭 자라기를 기다리고, 학교 다니기를 기다리고, 시험 잘 보기를 기다리고, 취직 잘 되기를 기다리고, 결혼 잘 하기를 기다리고, 우리가 무덤 속으로 갈 날을 기다리고…….

요즘이야 차가 있고, 비행기가 있고, 전자 메일이 있고, 핸드폰이 있고, 지구촌도 하루면 다 오고가는 시대라 기다린다는 것의 의미가 전보다 덜하지만 워낙에 참을성이 없는 시대에 사는 사람들이라 조바심을 많이 낸다. 그러니 예전에야 수절이니, 정렬이니, 열녀비니 했다지만 요새는 남자친구 군대 가기가 무섭게 고무신 거꾸로 신는 시대가 아닌가. 남자들도 예외는 아니다. 여자들이 잠시 자리만 비우면 그 새를 못 참아서 여기저기 눈길을 주고 군침을 흘린다.

대동아전쟁, 6·25 사변, 월남전을 겪으면서 얼마나 많은 할머니들이 돌아오지 않는 남편들을 기다리고 계신가. 지금까지도…….

【註】
1) 京邑(경읍): 서울, 한양.
2) 翠樓(취루): 비취빛 누각. 님과 함께 올라 정을 나누던 누각.
3) 芳草(방초): 꽃다운 풀, 예쁜 풀.
4) 漸多(점다): 점점 우거지다, 날마다 더욱 푸르러 가다.
5) 楊柳老(양류로): 버드나무가 시들다, 다시 오마며 꺾어 주었던 버들가지가 시들다. 우리의 애틋한 사랑을 아는 버드나무가 속절없이 늙어 가다.
6) 空見(공견): 부질없이 ~만 보이다.
7) 水西流(수서류): 강물이 서쪽으로 흐르다. 무심한 저 강물만 님 계신 서울로 흘러간다는 뜻.

路上所見
姜世晃(朝鮮)

凌波羅襪去翩翩
一入重門便杳然
惟有多情殘雪在
屐痕留印短墻邊

길을 가다가
강세황(조선)

비단 버선 사뿐히 가더니만
어느 중문 들어서곤 아득히 사라졌네
다정할사 그나마 잔설이 있어
그녀의 발자국 낮은 담장가에 남겨져 있네

빨간 구두 아가씨

솔솔솔 오솔길에 빨간 구두 아가씨

똑똑똑 구두 소리 어딜 가시나

한번쯤 뒤돌아볼 만도 한데

발걸음만 하나 둘 세며 가는지

빨간 구두 아가씨 혼자서 가네

솔솔솔 오솔길에 빨간 구두 아가씨

똑똑똑 구두 소리 어딜 가시나

지금쯤 사랑을 알 만도 한데

종소리만 하나 둘 세며 가는지

빨간 구두 아가씨 멀어져 가네

밤밤밤 밤길에 빨간 구두 아가씨

똑똑똑 구두 소리 어딜 가시나

오늘쯤 약속을 할 만도 한데

발걸음만 하나 둘 세며 가는지

빨간 구두 아가씨 멀어져 가네

매력적인 저음 가수 남일해가 불러서 그 당시 젊은이들의 인기를 모은 노래다. 예나 지금이나 길을 가다 보면 왜 그리 시선을 끄는 아가씨가 많은지. 그 중에는 매일 보는 아가씨도 있고, 처음 보는 아가씨도 있고, 사랑 고백을 하고 싶은 아가씨도 있고, 말이라도 한번 붙여 봤으면 하는 아가씨도 있다. 하기는 여자들도 마찬가지일 것이다. 근사한 남학생이 지나가면 행여 편지라도 전해 주지 않을까, 말이라도 걸지 않을까, 데이트 신청이라도 하지 않을까 노심초사할 것이다.

하지만 그 시절에는 그런 행동들이 쉽지가 않았다. 그래서 '한번쯤 뒤돌아볼 만도 한데' 라고 넋두리를 하고 있는 것이리라. 남자인 자기가 쫓아가서 말이라도 걸 수 있으면 좋으련만 가슴만 두근거리고 아무 행동도 못 하고 있는 것이다.

그 후속편이 1970년대 중반에 나온 송창식의 〈한번쯤〉이다. 이 노래는 선배세대의 노래와 전체적인 맥락이나 소심함은 여전하다. 다른 점이 있다면 1절과 2절의 주인공이 각각이라는 점이다. 1절의 화자는 여학생이다. 당연히 2절의 화자는 남학생이다. 그래서 이 노래는 남녀 학생들 모두에게서 엄청난 인기를, 사랑 고백도 제대로 못 하는 사람들한테 공전의 대히트를 쳤다.

【註】
1) 所見(소견): 사물을 보고 가지는 바의 생각이나 의견.
2) 凌波(능파): 파도 위를 걷는 것 같다는 뜻으로, 美人의 걸음걸이가 가볍고 아름다운 것을 말한다.
3) 羅襪(나말): 버선, 양말.
4) 翩翩(편편): 새가 가볍게 나는 모양, 멋스러운 모양.
5) 便(편): 문득, 곧.
6) 履痕(극흔): 나막신 흔적, 발자국.
7) 短墻(단장): 낮은 담장.

> **答詩**
> 郭暉遠(淸)
>
> 碧紗窓下啓緘封
> 尺紙終頭徹尾空
> 應是仙郞懷別恨
> 憶人全在不言中
>
> **무정한 편지에 답하여**
> 곽휘원(청)
>
> 푸른 깁창 아래서 편지를 뜯어 보니
> 편지에는 시종일관 아무것도 써 있질 않네
> 그러면 그렇지! 우리 님 이별의 한 품으시고
> 말없는 가운데 그리워하는 맘 가득 담으셨네

엽서 한 장

엽서 한 장만이 그대의 인사던가

이별하고 온 지 몇 날이 지나갔나

꿈속에서도 못 잊어 못 잊어서

그렇게 기다린 인사가 엽서 한 장인가요

아주 짧은 노래로 저음가수 박일남이 예전에 불렀던 노래다. 그래도 〈엽서 한 장〉은 위의 시에 비하면 훨씬 나은 편이다. 오랜만에 집으로 보낸 편지에 아무것도 쓰지 않았다니. 요즘 여자들 같으면 오해를 해도 커다란 오해를 했을 것이다. 다른 여자한테는 편지를 보내고 나한테는 쓰기 싫어서 백지로 보냈다고. 그리고 나중에 왜 백지로 보냈느냐고 따지면 잘못 넣어서 그리 된 것이라고 발뺌할 것이라는 말도 안 되는 오해를 말이다.

그런데 그 아내는 무척이나 현명하였던 모양이다. 대충 상황 파악을 하고 남편한테 답시를 보냈다. 그 시가 바로 위에 인용한 시다. 그러니까 엄밀하게 말하면 위의 시는 곽휘원이란 사람의 아내가 남편한테 보낸 시다.

실은 이 사람이 멀리 벼슬 나가 있다가 집에 편지를 보냈는데 그만 깜빡하여 백지를 넣고 봉하였던 것이다. 그리고는 아내의 난데없는 답장을 받아들고는 처음에는 무슨 영문인가 의아해 하다가 이내 고개를 끄덕였을 것이다. 또 모른다. 편지를 보내고 나서 금세 원본이 그대로 있다는 것을 알고는 바로 아내한테 부쳤는지. 해서 타이밍만 잘 맞으면 남편의 원래 편지를 아내가 읽고 있을 즈음 남편도 아내의 그 편지를 읽고 있었는지도 모른다.

하기는 옛 사람들의 편지에는 수다스럽고 촐싹거리는 표현이 없다. 간단하게 할 말만 하고 말을 아끼는 편이다. 그래도 멀리서 보내는 마음은 글자 사이로 흐르고 흘러, 행간에 넘쳐난다. 꼭 사랑한다고, 보고 싶다고 해야 그리운 정을 전하는 것은 아니다. 늘 'I Love You'를 입에 달고, 만나면 키스를 해대는 서양인들이 걸핏하면 이혼하는 것이 어디 말과 행동이 부족해서인가. 그런 식으로 애정을 평가한다면 대한민국 60대 이상의 부모님 연배는 다 이혼을 했어야 옳다.

예전에는 밤새 연애편지를 써서는 다음날 골목길이나 버스 정류장, 그도 아니면 하교길에 전해 주려고 애를 쓰다가 끝내 못 전해 주고는 가슴 아파하는 친구들도 많았다. 그래서 1970년대 '어니언스'라는 듀엣이 〈편지〉라는 노래를 들고 나왔을 때 그렇게들 열광을 하지 않았던가. '말없이 건네 주고 달아난 차가운 손……'

【註】
1) 紗窓(사창): 깁으로 바른 창. '紗'는 '깁(명주실로 거칠게 짠, 무늬 없는 비단), 비단'.
2) 啓(계): 열다, 일깨우다.
3) 緘封(함봉): 함 또는 편지 따위를 봉함.
4) 尺(척): 편지. 尺牘(척독: 편지).
5) 仙郎(선랑): 우리 님.
6) 憶人(억인): 사람을 생각하다, 그리워하다.
7) 不言中(불언중): 아무 말 없는 가운데.

艷陽詞
成侃(朝鮮)

白面書生騎駿馬
洛橋西畔踏青來
美人不耐懷春思
擧上墻頭一笑開

우리 사랑은
성간(조선)

해맑은 젊은이 준마 타고
낙교 서쪽 물가로 답청놀이 나왔네
미인은 싱숭생숭한 마음 이기지 못해
담장머리에 고개 들어 미소짓네

나와 엇비슷한 세대에는 초등학교 고학년 때부터 중·고등학교에 다닐 때까지 주위에 중국 무협지를 읽는 친구들이 많았다. 그런 부류의 무협지들은 한결같이 스토리가 엇비슷했다. 어렸을 때 부모가 원수의 손에 죽고 난 뒤 떠돌이 생활을 하다가 어찌어찌해서 훌륭한 스승을 만나서 거의 무술에 득도할 즈음 스승이 또 원수에게 죽임을 당하고, 주인공은 울면서 복수의 칼을 갈다가 온갖 우여곡절 끝에 마침내 부모와 스승의 원수를 갚게 된다는 것이 대강의 줄거리였다.

결과가 뻔한 권선징악적인 주제에다 다소 황당한 스토리에도 불구하고 무협지가 그 당시 남학생들에게 폭발적인 인기를 끈 것은 다양한 무술이 등장하고, 신나는 결투가 벌어지고, 가끔씩은 어여쁜 여자와의 연애 장면도 등장해서였겠지만 무엇보다 주인공이 비법의 무술로 상대방을 격파하는 장면을 보면서 대리만족을 느껴서가 아닐까 싶다. 자기 자신은 결코 하지 못할 엄청난 일을 하는 주인공을 통해 대리만족을 느끼며, 상상 속에서나마 자신도 그런 경지에 올려놓고 이쁜 여학생을 괴롭히는 깡패들을 때려 눕히고 그 여학생과 사귀는 그럴 듯한 망상을 하기도 했을 것이다.

하지만 난 이상하게도 그런 무협지가 싫었다. 물론 그 또래의 나이에 읽어야 할 중국의 고전들, 이를테면 『삼국지(三國志)』, 『수호지(水湖志)』, 『금병매(金甁梅)』 등의 소설들은 다 읽었지만 무협지는 한두 권 보다가 말았다.

그런 맥락에서였는지는 몰라도 커서도 홍콩 영화가 싫었다. 어떤 친구들은 홍콩 영화라면 사족을 못 쓰는데 너무 만화 같아서 선뜻 호감이 가질 않았다. 그래서 이소룡, 성룡 같은 배우들만 나오면 기를 쓰고 찾아가서 보는 친구들이 유치하게 보이기까지 했다. 물론 예술성이 있는 대만 영화나 중국 영화 그리고 주먹잽이들이 나오지 않는 홍콩 영화는 좋아하는 편이다.

하기는 홍콩 영화나 헐리우드 영화나 크게 다를 것이 없다는 게 평소의 내 지론이었다. 난 대부분의 헐리우드 영화를 보면서 스릴과 서스펜스를 전혀 느끼지 못한다. 옆에 있는 여자 관객들이 아무리 비명을 질러도 전혀 긴장이 되질 않는다.

이유는 아주 간단하다. 헐리우드 영화의 99% 이상이 주인공은 결코 죽지 않는다는 지극히 평범한 사실 때문이었다. 아무리 곤란한 상황에 빠졌어도, 결코 빠져 나올 수 없는 극악한 상황에 처해도, 영화 속의 주인공은 용케도 불사조처럼 잘도 살아 나온다. 아무리 얻어 터져도, 적이 아무리 많아도, 우리의 주인공들은 오뚜기처럼 잘도 일어나 끝내는 상대방을 무찌른다. 홍콩 영화도 마찬가지다. 헐리우드 영화보다 더 유치하고 작위적이기까지 하다.

그래서 난 잔잔한 영화를 좋아한다. 작은 목소리로 인생을 얘기하고, 사랑을 보여주고, 우정을 가르쳐 주는 파스텔톤의 드라마를 좋아한다. 그래서 헐리우드 영화보다는 유럽 영화가 내겐 더 적성에 맞는 것 같다. 요즘의 한국 영화에 대해서는 뭐라고 말할 자신이 없다.

【註】
1) 艶陽詞(염양사): '艶陽'은 '晩春의 시절, 따스한 봄날의 기후', '염양사'는 남녀간의 사랑을 노래한 詩文.
2) 白面書生(백면서생): 얼굴이 해맑은 젊은이. 글만 읽고 세상일에 경험이 없는 사람.
3) 駿馬(준마): 잘 달리는 좋은 말.
4) 洛橋(낙교): 다리 이름.
5) 西畔(서반): 서쪽 호숫가. 湖畔.
6) 踏靑(답청): 삼짇날 파랗게 난 풀을 밟으면서 즐기는 놀이.
7) 不耐(불내): 참지 못하다, 견디지 못하다.
8) 春思(춘사): 봄에 느끼는 뒤숭숭한 생각, 이상야릇한 마음. 春心.
9) 墻頭(장두): 담장머리, 담장 꼭대기.

제4부

가는 세월, 잡을 수만 있다면

아무리 돈이 많은 사람도, 권력이 있는 사람도 어찌지 못하는 것들이 있다. 가는 세월 잡지 못하고, 자식 이기는 부모 없다는 사실이다. 하기야 자식은 돈과 권력으로 어떻게든 해보면 아주 망나니는 면하게 할 수도 있다. 누구도 잡지 못하는 것이 바로 가는 세월이다. 진시황에서부터 재벌들에 이르기까지 무심하게 저만치 달아나는 세월은 아무도 붙잡지 못했다. 그렇다고 세월을 탓할 수만은 없는 법, 짧다면 짧고 길다면 긴 인생을 나름대로 제대로 살아 볼 일이다. 서른 살을 살았어도 남들이 칭송하는 사람이 있고, 백 살이 넘게 살았어도 손가락질을 받는 사람도 있다. 가는 세월 잡으려고 허송세월 할 것이 아니라 가고 있는 세월을 어떻게 잘 보내느냐가 나중에 후회하지 않는 지름길이다. 그렇지만 여기에 소개되는 대시인들도 세월의 무상함에 자신의 늙음과 흰 머리카락을 안타까워했는데 우리 같은 범인들이야 또 어쩌란 말인가. 또 세월이 가면 못 잊을 것만 같은 아픔이 잊혀져서 좋지 않은가.

照鏡見白髮
張九齡

宿昔靑雲志
蹉跎白髮年
誰知明鏡裏
形影自相憐

거울에 비친 백발을 보고
장구령

그 옛날 품었던 큰 뜻
이제는 다 어긋난 백발 신세
누가 알리 거울 속에서
얼굴과 그림자가 서로를 딱하게 여길 줄을

귀천(歸天)

나 하늘로 돌아가리라
새벽빛 와닿으면 스러지는 이슬 더불어 손에 손을 잡고,
나 하늘로 돌아가리라
노을빛 함께 단 둘이서

기슭에서 놀다가 구름 손짓하며는

나 하늘로 돌아가리라

아름다운 이 세상 소풍 끝나는 날

가서, 아름다웠더라고 말하리라…….

그 어느 누구보다도 해맑은 마음을 가졌던 시인, 막걸리와 이천 원과 인사동의 찻집과 목 여사를 떠올리게 하는 시인 천상병의 작품이다. 이 시 역시 노래하는 시인 이동원이 건조한 목소리로 불러 많은 인기를 모았었다.

암울한 시대에 태어나 정권의 하수인들에게 당한 고문의 후유증 때문에 평생을 주위 사람들한테 기대다 간 시인 천상병은 그래도 행복한 사람이었다. 부인도 그렇고, 친구들도 그렇고 누구 하나 그를 귀찮게 여기지 않았다. 그래서 그는 그렇게 해맑은 모습으로 살다 갈 수 있었다.

우리 나라 문인들 중에는 아깝게 살다 간 사람들이 많다. 이상, 김유정, 신동엽, 박인환, 김관식, 김수영, 한하운, 김남주, 기형도 등 좀더 살았으면 더 큰 족적을 남기고 갔을 문인들이다. 하긴 가족들한테는 뭣한 소리지만 구차하고 기구하고 비겁하게 오래 사느니 이런 분들같이 사후에라도 칭송을 받는 편이 나은지도 모르겠다.

혹여 저승에 주점이라도 있으면 이분들이 모여서 유쾌한 술판이나 벌일지도 모른다. 남은 사람들이야 늘 아린 가슴을 안고 살아가겠지만 그들은 이승에서의 한 많고 짧은 삶을 훌훌 털고 홀가분하게 살고들 있을 게다. 그래서 이승에 남아 있던 사람들이 하나 둘 저승에 동참하는 날이 오면 그 동안 진 빚을 갚느라 술도 사고 밥도 사고 재미난 얘기도 들려줄 것이다.

그런데 천상병 시인은 빚 진 사람들을 다 기억 못할지도 모른다. 하도 많은 지인들한테 천 원, 이천 원씩을 빌려서 액수도, 사람도 다 기억하지 못할 게다. 하기는 그건 세속적인 의미에서의 빚이지 드린 사람들이야 오래오래 건강하게 사시라고, 갈증나는 데 막걸리나 사 드시라고 드린 것이니까 아무도 기억하지 못할 것이다. 또 모른다. 다들 저승 갈 때 그분들 드리려고 막걸리에 안주에 바리바리 싸들고 갈지……

【註】
1) 宿昔(숙석): 옛날, 예전. 宿題.
2) 靑雲(청운): 푸른 구름, 높은 이상이나 벼슬.
3) 蹉跎(차타): 어긋나다, 마음대로 되지 않다.
4) 明鏡(명경): 거울. 明鏡之水.
5) 裏(리): 속. 裏書.
6) 影(영): 그림자. 'Whiter Shade of Pale'.

秋浦歌
李白

白髮三千丈
緣愁似箇長
不知明鏡裏
何處得秋霜

추포의 노래
이백

백발이 너무도 긴데
근심 때문에 이렇게 된 것이리
모르겠네 거울 속 내 모습은
어디서 가을 서리를 이다지 맞았는지

뒤에서 시장 얘기를 하겠지만 사람들의 다양한 감정의 변화나 표정의 변화를 읽을 수 있는 곳은 시장 말고도 여러 곳이 있다. 철도나 버스 터미널, 부두, 공항 등이다. 일상에서 가장 쉽게 접할 수 있는 곳이 바로 전철역과 버스 정거장이고 자연스럽게 부딪히는 곳이 바로 전철과 버스 안이다. 버스가 단편소설의 주인공을 만날 수 있는 장소라면 전철은 중편소설의 주인공을 만날 수 있는 곳이다.

전철역에서의 사람들의 움직임은 물론 시장이나 터미널, 부두와 공항처럼 그렇게 요란하지는 않다. 그도 그럴 것이 전철역은 시장처럼 요란스럽게 북적거리지 않고, 그 안에서의 대화는 대개 일상적이고, 또 그 안에서의 만남과 헤어짐이 터미널이나 부두, 공항처럼 감동적이거나 처절하지는 않기 때문이다.

자, 그럼 출발하는 전철에 타보기로 하자. 우선은 가볍게 주위를 한번 둘러볼 일이다. 처음에는 시선을 한 군데에 고정시키지 말고, 아무런 감정도 집어넣지 말고 남들을 둘러본다. 요즘같이 살벌한 세상에 누가 자신을 길게 쳐다보거나 살핀다면 당장 싸우자고 달려들 것이기 때문이다. 그렇게 상대방의 긴장을 적당히 풀어 준 다음에 다소 졸린 표정으로 꺼벙하게 그들을 쳐다보라. 자칫 덤덤하거나 건조해 보일 수도 있는 그들의 표정과 감정의 변화는, 그러나 자세히 관찰해 보면 흥미로울 정도로 미묘하게 바뀐다.

아무 생각 없이 서 있는 것 같은 사람들도 저만치서 빈 자리가 나면 흡사 먹이를 나꿔 채는 맹수처럼 돌진해 들어가 체면도 무릅쓴 채 자리를 잡고, 앉아서 마냥 잠만 자고 있던 사람들도 내릴 때가 되면 여지없이 다들 잘 내리고, 멍청한 눈으로 앞자리만 멀뚱하게 바라보던 중년 남자들도 젊고 늘씬한 여자만 타면 눈빛이 날카롭게 빛나고, 찬송가를 부르며 구걸하는 장애인이 지나갈 때는 모두들

외면하다가도 싸구려 장사가 나타나 입에 침을 튀기며 물건 선전을 해대면 두 귀를 쫑긋거리고, 생전 책은 안 읽는 사람들이 누가 선반에 신문만 두고 내리면 나꿔 채는 데 쟁탈전을 벌이고, 그 날 따라 한건 했거나 빌려준 돈을 받은 사람들은 누가 묻지도 않았는데 얼굴에 '나는 행복합니다' 라고 써놓고는 짐짓 아무렇지도 않은 표정으로 위장을 하고, 일자리에서 하루 종일 공치거나 빌려준 돈을 받으러 갔다가 돈은커녕 채무자 얼굴도 못 보고 돌아가는 사람들은 '나는 우울합니다' 를 이마에 써붙여 놓고는 괜스레 즐거운 체 억지 웃음을 질질 흘리고, 여자친구와 동승한 젊은 사내녀석은 겉으로는 부드러운 미소로 뭐라고 속삭이고 있지만 속으로는 호시탐탐 여자를 꼬드길 기회를 엿볼 것이고, 제법 늘씬한 몸매에 그럴듯한 옷차림으로 혼자 탄 젊은 계집아이는 탐욕스런 눈으로 자기를 바라보는 뭇사내들을 향해 턱을 추켜들고는 도도하게 굴지만 실은 외로움에 지쳐 남자의 품이 무척이나 그리울 것이고, 수수한 차림의 중년 부인은 친구 따라 잠시 마실 나섰다 시간 가는 줄 모르고 놀다가 서둘러 집으로 가며 저녁 반찬 걱정에 혹시 남편이 일찍 오지 않았을까 하는 걱정에 속으로 똥줄이 타고 있을 것이고, 작은 공책을 꺼내들고 무언가를 열심히 암기하는 수험생은 꿈결과 현실을 오가며 가고 싶은 대학의 실루엣이 자꾸 겹쳐질 것이다.

말하자면 일상의 애환이 그들의 표정과 몸짓에 나타나는 셈이다. 사람들은 그렇게 나이를 먹어 가고, 또 그렇게 늙어 간다. 이백의 「추포가(秋浦歌)」를 읽으면 나이 드신 부모님 생각도 나고, 그 동안 지켜 봐 온 '전철 안', '버스 안' 사람들이 생각난다. 사람은 근심 때문에 더 늙는다. 다들 그걸 아는데 그놈의 근심을 떨쳐내기가 쉽지 않다. 인생은 바로 근심이니까…….

【註】
1) 秋浦(추포): 晩年의 李白이 좋아한 곳으로 지금의 安徽省 귀지현에 있는 포구.
2) 三千丈(삼천장): 1丈은 10尺＝3.03m.
3) 緣愁(연수): 수심 때문에, 근심 탓에. 緣故.
4) 似箇(사개): 이렇게, 이와 같이. '如此'와 같다. '箇'는 '個'와 同字.
5) 明鏡裏(명경리): 거울 속.
6) 何處(하처): 어디에서.
7) 得秋霜(득추상): 가을 서리를 얻다, 가을 서리를 맞다. 머리가 하얗게 된 것을 뜻한다.

> 秋風引
> 劉禹錫
>
> 何處秋風至
> 蕭蕭送雁群
> 朝來入庭樹
> 孤客最先聞
>
> 가을 바람의 노래
> 유우석
>
> 어디서 가을 바람은 불어오는가
> 스산한 가운데 기러기 떼 날아오네
> 아침이 되자 그 바람 마당가 나무에 불어오는데
> 외로운 나그네가 맨 처음 들었네

추일서정(秋日抒情)

낙엽은 폴-란드 망명정부의 지폐

포화에 일그러진

도룬시의 가을하늘을 생각케 한다

길은 한 줄기 구겨진 넥타이처럼 풀어져

일광의 폭포 속으로 사라지고

조그만 담배 연기를 내뿜으며

새로 두 시의 급행차가 들을 달린다

포푸라나무의 근골(筋骨) 사이로

공장의 지붕은 흰 이빨을 드러내인 채

한 가닥 꾸부러진 철책이 바람에 나부끼고

그 우에 세로광지(紙)로 만든 구름이 하나

자욱-한 풀벌레 소리 발길로 차며

호올로 황량한 생각 버릴 곳 없어

허공에 띄우는 돌팔매 하나

기울어진 풍경의 장막 저쪽에

고독한 반원을 긋고 잠기어간다

　　　모더니즘 계열의 시인들 중에서 대중적으로 가장 많이 알려진 김광균(金光均)의 시다. '분수처럼 흩어지는 푸른 종소리'라는 탁월한 감각의 구절로 유명한 「와사등(瓦斯燈)」과 깊은 밤에 눈 내리는 소리를 '먼-곳에 어느 여인의 옷벗는 소리'라는 절묘한 표현으로 사춘기 남학생들을 사로잡았던 「설야(雪夜)」도 그의 작품이다.

　　체코, 폴란드, 유고 등 동구권 국가들을 떠올리면 왠지 잿빛 하늘, 황량함, 스산함, 압제에 시달리는 민족, 민주화 투쟁 등이 생각난다. 해서 동구권 여러 나라가 소련의 기나긴 압제에서 벗어나 하나 둘씩 독립을 할 때 마치 우리가 그 길고도 길었던 독재에서 벗어났을 때의 환희를 느꼈다.

몇 년 전에 Milan Kundera의 『참을 수 없는 존재의 가벼움』— '존재의 참을 수 없는 가벼움'이 올바른 번역이라는 지적도 많았던—이 인기를 모은 적이 있었다. 덕분에 그 소설을 영화화한 『프라하의 봄』도 많이들 봤다. 그 영화를 보고 상큼하고 발랄한 연기를 했던 Juliette Binoche에게 매료되어 그녀가 출연한 영화들을 열심히 찾아서 본 기억이 난다. 『나쁜 피』, 『퐁네프의 연인들』 등 여러 영화를 봤지만 『프라하의 봄』 같지는 않아 적잖이 섭섭했다. 예술 감상이라는 것이 다분히 주관적인 것이라서 수많은 평론가들이 극찬한 작품도 어느 개인한테는 아무런 감동을 주지 못할 때가 있고, 남들이 아무리 악평을 한 작품일지라도 어떤 사람한테는 진한 감동을 줄 때가 있다.

Juliette Binoche도 이제는 나이가 꽤 들었다. 슬픈 일이다.

【註】
1) 引(인): 무슨 일의 先後本末을 서술한다는 뜻으로 文章에서는 序文과 같은 의미로, 詩에서는 처음에는 琴曲名으로 쓰였으나 뒤에는 단순히 '~노래'라는 의미로 쓰임.
2) 蕭蕭(소소): 쓸쓸한 모양.
3) 雁群(안군): 기러기 떼. 鴈帛.
4) 庭(정): 뜰. 마당. 庭園.

除夜作
高適

旅館寒燈獨不眠
客心何事轉凄然
故鄉今夜思千里
霜鬢明朝又一年

섣달 그믐날 밤에
고적

여관 싸늘한 등잔불 아래 홀로 잠 못 이루고
나그네 마음 무슨 일로 점점 쓸쓸해지나
이 밤 고향 생각하니 천릿길인데
서리 내린 귀밑머리 내일 아침이면 또 한 살 느는구나

서시(序詩)

죽는 날까지 하늘을 우러러

한 점 부끄럼이 없기를

잎새에 이는 바람에도

나는 괴로워했다.

별을 노래하는 마음으로

모든 죽어가는 것을 사랑해야지

그리고 나한테 주어진 길을

걸어가야겠다.

오늘 밤에도 별이 바람에 스치운다.

민족시인 윤동주의 시다. 학창 시절 이 시 한 번 외워 보지 않은 사람은 별로 없을 것이다. 내용도 좋고, 간단해서 외우기에도 좋아 자주 인용하던 시다. 특히 '죽는 날까지 하늘을 우러러 한 점 부끄럼이 없기를' 대목은 사회적으로 지탄받던 정치인, 기업인들도 구치소에 들어가기 전에 한 마디씩 하고 들어가는 바람에 구설수에 오르기도 했다.

해마다 섣달 그믐밤이면 사람들은 나름대로 한 해를 마무리도 하고, 다가오는 새해를 설계한다. 그믐밤 그리고 새해 아침 마음먹은 대로 한다면 어느 누구도 후회 없는 인생을 살아갈 것이다.

그믐밤 제일 애처로운 사람은 고향을 떠난 사람들이다. 여행을 가거나 공무로 출장을 간 사람들은 다시 돌아갈 기약이나 있지만 나그네 신세로 정처 없이 떠도는 사람들은 가족, 친척, 친구들 생각에 쉽게 잠을 이루지 못할 것이다. 예전 같으면 죄를 지어서 멀리 귀양을 간 사람들, 요즘 같으면 형무소에 수감된 사람들이 가장 서글프고, 또 그래서 회한의 눈물도 흘리리라. 객지 생활도 서러운데 거기다 흰머리까지 늘고, 쓸데없이 나이도 더 먹고 하면 새삼 인생 무상을 느끼게 될 것이다.

뭐니뭐니 해도 명절은 집에서 가족과 함께 지내는 것이 구성원간의 최소한의 예의요, 도리다.

오늘밤에도 별이 바람에 스치울 것이다.

【註】
1) 除夜(제야): 섣달 그믐날 밤.
2) 寒燈(한등): 차가운 등불. 등불이 차가울 리는 없는데 섣달 그믐날 밤에 타향살이하는 나그네 신세라 불조차 차갑게 느껴지는 것은 당연지사.
3) 何事(하사): 무슨 일로, 어떤 일로.
4) 轉(전): 더욱더, 갈수록.
5) 凄然(처연): 쓸쓸한 모습.
6) 思千里(사천리): 천 리 밖을 생각하다. 먼 곳에 있는 사람을 생각하다.
7) 霜鬢(상빈): 귀밑머리에 서리가 내리다. 곧 하얗게 센 머리.
8) 又一年(우일년): 또 한 살을 더 먹다, 또 새 해가 되다.

寄楊侍御
包何

一官何行得同時
十載無媒獨見遺
今日莫論腰下組
請君看取鬢邊絲

양시어에게
포하

다행스럽게도 그대와 함께 벼슬길에 올랐지만
십 년 동안이나 돌봐줄 사람 없어 홀로 남겨졌네
오늘만큼은 명리에 얽매이지 말고
내 귀밑머리나 봐주시게

회전의자

빙글빙글 도는 의자 회전의자에

임자가 따로 있나 앉으면 주인인데

사람없이 비워 둔 의자는 없더라

사랑도 젊음도 마음까지도

가는 길이 험하다고 밟아 버렸다

아~아 억울하면 출세하라 출세를 하라

돌아가는 의자에 회전의자에
과장이 따로 있나 앉으면 과장인데
올 때마다 앉을 자리 비어 있더라
잃어버린 사랑을 찾아보자고
밟아 버린 젊음을 즐겨 보자고
아~아 억울해서 출세했다 출세를 했다

1960년대 김용만이 불러서 월급쟁이들한테 선풍적인 인기를 모은 곡이다. 어느 직장이나 잘 나가는 사람 있고 다른 한 켠에는 늘 뒤쳐지는 사람이 있게 마련이다. 그래서 누구는 과장, 부장이 금세 되는데 누구는 만년 대리, 주사, 계장, 과장으로 눌러 있기도 한다. 그나마 짤리지 않는 것에 감사하며……. 그런 사람들이 이 노래에 열광했고 즐겨 불렀다.

우리 나라같이 학연·지연·혈연에 출세가 좌지우지되는 나라도 없을 것이다. 한 마디로 빽이 없으면 본인이 아무리 능력이 있어도 승진에는 한계가 있는 법이다. 뒤에서 누가 조금만 밀어 주면 순풍에 돛 단 듯이 잘 나가고, 주변에 도와주는 사람이 없으면 어느 직위 이상은 힘든 게 우리네 현실이다.

【註】
1) 楊侍御: '楊'은 姓, '侍御'는 侍御使의 약칭, 어사대에 소속된 관리로 檢察을 담당.
2) 一官(일관): 하나의 관직, 이 詩에서는 미미한 관직의 뜻. 閒職.
3) 得同時(득동시): 같은 해에 과거에 합격하는 것, 또는 같은 해에 관직에 취임하는 것.
4) 十載(십재): 십 년. 千載一遇.
5) 媒(매): 원래는 중매인, 중개인. 이 詩에서는 아랫사람을 추천해 주는 상급 관리.
6) 見遺(견유): 채용되지 못하고 남겨짐, 출세를 못 함. '見'은 '被'와 같은 피동형으로 쓰였다.
7) 莫論(막론): 얘기하지 말라, 말하지 말라.
8) 腰下組(요하조): 허리에 매는 도장이나 패옥의 끈. 唐代에는 金印紫綬, 銀印紫綬, 銅印紫綬 등의 구별이 있어서, 이 끈의 색깔로 관직의 고하를 구별했다.
9) 看取(간취): 보다. '取'는 어조사.
10) 鬢鬖絲(빈삼사): 흰 귀밑머리. 髥(염: 구레나룻), 髮(발: 터럭, 머리털), 鬚(수: 수염), 鬢(빈: 살쩍, 귀밑털).

> 秋思
> 許渾
>
> 琪樹西風枕簟秋
> 楚雲湘水憶同遊
> 高歌一曲掩明鏡
> 昨日少年今白頭
>
> 이 가을에
> 허혼
>
> 아름다운 나무에 가을 바람 불고 잠자리에도 가을이 찾아오는데
> 초 땅의 구름과 상강에서 함께 노닐던 사람을 생각한다
> 소리 높여 한 곡 부르고 맑은 거울 가리니
> 어제만 해도 소년이었는데 오늘은 백발이네

산골 소년의 사랑 이야기

풀잎새 따다가 엮었어요 예쁜 꽃송이도 넣었구요

그대 노을빛에 머리 곱게 물들면 예쁜 꽃모자 씌워 주고파

냇가에 고무신 벗어 놓고 흐르는 냇물에 발 담그고

언제쯤 그애가 징검다리를 건널까 하며 가슴은 두근거렸죠

흐르는 냇물 위에 노을의 분홍빛 물들이고

어느새 구름 사이로 저녁달이 빛나고 있네
노을빛 냇물 위엔 예쁜 꽃모자 떠 가는데
어느 작은 산골 소년의 슬픈 사랑 얘기

이 노래는 1990년대 초 예민이라는 가수가 들고 나왔다. 가사가 참 서정적이고 아름다워 여학생들한테 인기가 좋았다. 예민은 또 〈아에이오우〉라는 특이한 노래를 부르기도 했다. 이 노래는 조금 경쾌해서 어린애들이 많이 따라 부르곤 했다. 훤출한 키에 머리를 길게 기른 예민은 약간 서구적인 마스크였고, 자세히 보면 구도자 같아 보이기도 했다. 해서 가까운 사람들은 예수의 사촌 동생쯤으로 놀리기도 했다. 예민은 한참 인기를 모으고 있던 1994년쯤인가 홀연히 미국으로 음악 공부를 하러 떠났다. 그것도 대도시가 아니라 아주 한적한 시골로 간다고 했다. 처음에는 7년 예정을 하고 떠났는데 한 5년쯤 지나서 돌아온 모양이었다. 온 뒤 얼마 안 있어서 앨범을 냈는데 아쉽게도 전처럼 관심을 불러일으키지는 못했다. 군대 2, 3년 갔다와도 금세 잊혀지는 세태에 어찌 보면 5년은 너무 긴 세월이었다. 하기는 예민을 좋아하던 중·고등학교 여학생들이 대학을 졸업했을 나이니 그럴 만도 했다. 예민이 다른 가수들같이 영악하고 현실에 좀더 밝았더라면 1년에 한

번씩은 나와서 앨범도 내고, 팬들한테 근황도 알려주고, 학비도 벌어 갔을 텐데 그러지 못한 것이 안타까울 뿐이다. 요즘 유학 간 가수들은 짧으면 6개월, 길어 봐야 1년에 한 장씩 앨범을 들고 들어오지 않는가. 그러고는 알토란같이 돈을 쏙쏙 빼 가지고 나간다. 예전에도 그런 가수들이 많았다. 공부하러 간다고 해놓고는 돈 떨어지면 국내에 들어와서 방송 출연에, 몇 차례 콘서트에 돈 챙겨 나가곤 했다. 한 마디로 묵시적인 외화 유출인 셈이었다.

【註】
1) 琪樹(기수): '琪'는 玉의 일종. 아름다운 나무. 琪花瑤草.
2) 西風(서풍): 가을 바람. 五行說에서 가을은 서쪽에 해당함.
3) 枕簟(침점): '枕'은 베개, '簟'은 대로 엮는 자리. 枕簟은 잠자리. 木枕. 簟褥(점욕: 대자리).
4) 楚雲湘水(초운상수): 楚는 지금의 호북성과 호남성 일대. 湘水는 호남성에 있다.
5) 憶同遊(억동유): 예전에 함께 놀던 친구를 생각함.
6) 高歌(고가): 시름을 잊으려고 큰 소리로 노래함. 高聲放歌.
7) 掩(엄): 가리다. 掩蔽(엄폐: 덮어서 숨김).

雜詩
陳祐

無定河邊暮笛聲
赫連臺畔旅人情
函關歸路千餘里
一夕秋風白髮生

잡시
진우

무정하 가에 저물녘 피리 소리
혁련대 호숫가에 선 나그네 마음
함곡관으로 돌아갈 길은 멀고 먼데
하루 저녁 가을 바람에도 백발이 생기네

피리 부는 사나이

나는 피리 부는 사나이

바람 따라가는 떠돌이

멋진 피리 하나 들고 다닌다

모진 비바람이 불어도

거센 눈보라가 닥쳐도

은빛 피리 하나 물고서

언제나 웃고 다닌다

갈 길 멀어 우는 철부지 새야

나의 피리 소릴 들으려므나

삘릴리 삘릴리

나는 피리 부는 사나이

바람 따라가는 떠돌이

멋진 피리 하나 불면서

언제나 웃는 멋쟁이

산이 높아 우는 철부지 구름아

나의 피리 소릴 들으려므나

삘릴리 삘릴리

나는 피리 부는 사나이

바람 따라가는 떠돌이

멋진 피리 하나 불면서

언제나 웃는 멋쟁이

요즘은 활동이 뜸하지만 1970~80년대

에는 늘 특이한 곡으로 팬들에게 신선한 충격을 주었던 송창식의 노래다. 이 노래도 발상이 아주 특이하다. 피리 하면 어딘가 애절하고 슬프고……. 그런 처지는 감정이 연상되는 것이 보통이다.

특히나 시에 나오는 피리는 고향, 이별 등 애잔한 정서를 동반하는 경우가 많다. 그런데 역시 송창식은 그런 진부한 사고방식을 깼다.

〈가나다라〉,〈토함산〉,〈담배가게 아가씨〉,〈석돌이와 석순이〉 등도 기존의 틀을 깨는 노래들이었다. '덕수궁 청자 연적의 파격'은 여러 분야에서 나와야 한다. 그 또래의 동료 가수들이 점잔을 빼고 있을 때 그는 다양한 시도를 했었다. 나이 든 Paul Simon이 청바지를 입고 기타를 치는 모습이 그렇게 부러울 수가 없다.

【註】
1) 雜詩(잡시): 漢·衛시대부터 있어 온 詩 제목. 특별한 제목을 정하지 않고 잡다한 일을 읊은 시.
2) 無定河(무정하): 지금의 내몽고 자치구에서 발원해서 陝西省 북부를 지나 발해만으로 흘러들어가는 黃河의 지류.
3) 赫連臺(혁련대): 東晉 말년에 夏族人 赫連勃勃(혁련발발)이 세웠으며, 幽州 范陽郡에 있는 臺.
4) 畔(반): 물가, 두둑, 곁.
5) 函關(함관): 函谷關. 河南省 영보현의 황하 유역에 있는, 험준하기로 유명한 골짜기에 있는 관문. 이 詩에서는 함곡관의 동쪽에 있는 작자의 고향을 가리킨다.

秋懷詩
韓愈

秋夜不可晨
秋日苦易暗
我無汲汲志
何以有此憾

이 가을에
한유

가을밤은 새벽 되기 어렵고
가을낮은 금세 어두워져 괴롭네
나는 진정 급급한 뜻이 없는데
어찌하여 이런 근심이 생기는지

조약돌

꽃잎이 한 잎 두 잎 바람에 떨어지고

짝 잃은 기러기는 슬피 울며 어디 가나

이슬이 눈물처럼 꽃잎에 맺혀 있고

모르는 사람들은 제 갈 길로 가는구나

여름 가고 가을이 유리창에 물들고

가을날에 사랑이 눈물에 어리네

내 마음은 조약돌 비바람에 시달려도

둥글게 살아가리 아무도 모르게

가수로서보다는 방송 MC로 더 유명한 박상규가 1970년대 중반에 불러서 큰 인기를 모았던 노래다. 그를 잘 아는 사람들은 그가 부른 〈마부〉를 아직도 못 잊어하며 좀더 가수로 활동하지 않은 것을 아쉬워한다. 자료를 살펴보니 1970년대 그의 히트곡이 꽤 된다. 〈둘이서〉, 〈친구야 친구〉, 〈빈 바다〉, 〈그 한마디〉 등이 인기를 모은 것으로 되어 있다.

사람들은 늘 되뇌인다. 마음을 비우자, 욕심을 버리자, 둥글게 살자, 화내지 말자, 착하게 살자 등등……. 하지만 사람은 역시 사람인지라 늘 후회하며, 반성하며 살기 마련이다. 급급한 것이 아무것도 없어도 근심은 늘 생기게 마련이고, 아무도 모르게 둥글게 살려고 해도 본의 아니게 남한테 피해를 주기도 한다. 아무 뜻 없이 내뱉은 말 한 마디가 듣는 사람에게는 치명상을 주기도 하고, 별 생각 없이 한 행동이 오해를 사기도 한다. 오죽하면 '과전불납리 이하부정관(瓜田不納履 李下不整冠: 오이밭에서는 신을 고쳐 신지 말고, 오얏나무 밑에서는 갓을 고쳐 쓰지 말라는 뜻. 오이밭에서 신을 고쳐 신거나

오얏나무 아래서 갓을 고쳐 쓰면 도둑으로 오해받기 쉬우므로 공연히 남의 의심을 살 만한 일은 아예 하지도 말라는 말이다)' 이라는 속담이 생겨났을까.

하기야 공자(孔子) 같은 성인도 살아 생전에는 그다지 인정을 받지 못했음에야 우리 같은 범인들은 말해 무엇하랴.

어렸을 적에는 늘 싸움박질에 공부도 어지간히 안 해서 부모 속을 썩히고, 머리가 좀 커서는 너무 내 고집대로 살아서 쓸데없이 적을 많이 만들고, 장가 가서는 늘 반찬 투정에 잔소리로 마누라 속을 뒤집어 놓고, 직장에서는 윗사람 말에 고분거리지 않고 따지기만 하고, 나이 들어서는 개구리 올챙이 시절 생각 못 한다고 어린애들 혼내기만 하고……. 생각하면 참으로 부끄러운 짓을 많이도 했다. 나이 오십(五十)이면 지천명(知天命)이라는데 언제나 나아질까…….

【註】
1) 不可晨(불가신): 새벽 되기가 어렵다. 밤이 길다.
2) 苦易暗(고이암): 쉽게 어두워짐이 괴롭다. 낮이 짧다.
3) 汲汲(급급): 어떤 일에 마음을 쏟아서 쉴 사이가 없는 모양.
4) 何以(하이): 무슨 까닭으로, 어찌하여. 의문 또는 반어의 말.
5) 此憾(차감): 이런 恨, 근심. 세월이 빨리 흘러감을 한탄하는 마음.

秋朝覽鏡
薛稷

客心驚落木
夜坐聽秋風
朝日看容鬢
生涯在鏡中

가을 아침에 거울을 보고
설직

나그네 마음 지는 낙엽에도 놀라는데
밤에 앉아 가을 바람 소리를 듣네
오늘 아침 얼굴과 귀밑머리를 보니
내 인생이 거울 속에 있네그려

그것은 인생

아기 때는 젖 주면 좋아하고, 아하

아이 때는 노는 걸 좋아하고

저 가는 세월 속에 모두 변해 가는 것

―그것은 인생

시작도 알 수 없고 끝도 알 수 없네

영원한 시간 속에 잠시 서 있을 뿐

우리가 얻은 것은 진정 무엇이고

우리가 잃은 것은 과연 무엇인가

저 가는 세월 속에 빈손으로 가는 것

─그것은 인생

철이 들어 친구도 알게 되고, 아하

사랑하며 때로는 방황하며

저 가는 세월 속에 모두 변해 가는 것

─그것은 인생

　　이 노래를 부른 최혜영이란 가수는 꽤나 깜찍하게 생겼었고, 그래서 남성팬들도 많았고, 노래도 신인치고는 대성공을 했는데, 이 가사대로 인생이 뭔지 알았는지 노래 한 곡만 남기고 팬들 앞에서 사라졌다. 또 모른다. 재기하려고 시도를 했는지. 하지만 이런 노래를 남긴 가수는 남들과는 조금 달라야 한다는 생각에서 〈그것은 인생〉만 남기고 사라졌다고 믿고 싶다. 모른다. 그녀가 주부로서 자식들 잘 키우고 성공을 했는지, 아니면 사업가로 변신을 해서 커리어 우먼으로 맹활약을 하고 있을지…….

　우리는 평상시 자신들이 나이를 먹고 있는지를 잘 모른다. 그러다 남의 집을 가서 그 집 아이들이 안 보는 사이에 많이 자란 것을 보고 '아, 벌써 세월이 이렇게 흘렀구나'를 알게 된다. 어느 날 문득 세수를 하다가 거울을 보는데 전보다 주름살이 는 것을 보고 알 수도 있고, 하루하루가 다르게 숱이 빠져 나가는 머리카락을 보면서 느끼기도 하고, 회사에서 후배들이 슬슬 일에 관록이 붙는다는 사실을 절감할 때도 그렇고, 마시는 시간과 양은 전보다 훨씬 줄었는데도 취하는 속도는 거기에 반비례하는 것을 느끼면서도 그렇고, 당연하게도 그 다음날 아침 전같이 벌떡 일어나지 못하고 자리에서 뭉기적거리면서 세월의 흐름을 절감한다.

  어느 날 음식점에 가서 아들녀석이 애비보다 식사량이 많아졌음을 느꼈을 때, 녀석의 몸무게가 지 애비를 능가하는 것을 알았을 때, 녀석의 코밑 수염이 점점 까맣게 되어 애비라는 이유만으로 그 수염을 깎아 줄 때, 그리고 녀석의 다리에 난 털이 듬성듬성한 애비의 다리털보다 굵고 많을 때, 세상의 많은 아버지들은 기특하기도 하고, 세월의 무상함을 절감하기도 한다.

【註】
1) 覽鏡(남경): 거울을 보다.
2) 驚落木(경낙목): 떨어지는 낙엽에 놀라다.
3) 容鬢(용빈): 얼굴과 귀밑머리.
4) 生涯(생애): 삶. 인생.

勸學詩
朱熹(宋)

少年易老學難成
一村光陰不可輕
未覺池塘春草夢
階前梧葉已秋聲

가는 세월
주희(송)

소년은 늙기 쉽고 학문은 이루기 어려우니
짧은 시간도 가볍게 여겨서는 안 되느니
연못의 봄풀은 꿈에서 깨어나지도 못했는데
섬돌 앞의 오동잎은 벌써 가을 소리를 낸다

가는 세월

가는 세월 그 누구가 막을 수가 있나요

흘러가는 시냇물을 잡을 수가 있나요

아가들이 자라나서 어른이 되듯이

행복과 슬픔 속에 우리도 변했구료

하지만 이것만은 변할 수 없어요

새들이 저 하늘을 날아서 가듯이

달이 가고 해가 가고 산천초목 다 바뀌어도

이내 몸이 흙이 되도 내 마음은 영원하리

한국의 Bob Dylan, 노래하는 음유시인으로 불렸던, 핸드볼 선수를 거쳐 나중에는 방송인으로 더 알려진, 서유석이 부른 노래다. 요즘도 노래방에 가면 나이 든 연배들이 많이 부르는 레퍼토리 중의 하나가 아닌가 싶다.

세월 앞에서 누구나 다 무력하다. 가는 세월 앞에서는 누구나 공평하다. 천하의 진시황(秦始皇)도 세월 앞에서는 속수무책이었고, 백수의 왕 사자도 늙고 병들면 겁 많은 사슴도 두려워하지 않는다. 그런 면에서 인간은 길가의 돌멩이나 풀 한 포기만도 못하다. 아무리 돈 많은 갑부나 재벌도, 천하를 호령하던 정치가나 군인도, 수많은 팬들 앞에서 열창하던 가수도, 배운 것이 많고 학식이 깊은 대학자도 시골에서 손바닥만한 밭뙈기를 일구는 농부도 세월 앞에서는 다 똑같은 입장이다.

마음도 육체와 같은 입장이다. 시신이 무덤 속에 묻혔는데 어찌 마음만 영원할 수가 있겠는가. 기껏 변하지 않는다고 쳐도 80년이면 생명이 다한다. 죽은 지 10년이 지나고 20년이 지나고, 자신을 기억해 주던 사람들도 세상을 떠나면 그를, 그의 마음을 기억하는 사람은 아무도 없게 된다. 이름이야 인명사전에도 남고, 역사에도 남고 하지만 육신과 마음은 아무 데도 남을 수가 없다. 그래서 '예술은 길고 인생은 짧다'고 하지 않았는가. **Bach, Händel, Mozart, Beethoven, Schubert, Leonardo da Vinci, Michelangelo, Raffaello, Gogh, Cézanne, Renoir** 등 숱한 예술의 거장들은 지금도 살아 있다. Beatles는 수천 년 뒤에도 영원할 것이다.

【註】
1) 勸學(권학): 학문을 권하다. 공부하라고 이르다. 이 시는 흔히 권학시로 알려져 있는데, 원 제목은 '偶成'이다. 이 책에서는 시 내용을 따라 '가는 세월'로 번역했다.
2) 易老(이로): 쉽게 늙다. 쉬 늙다.
3) 難成(난성): 이루기가 어렵다.
4) 一村光陰(일촌광음): 아주 짧은 시간.
5) 不可輕(불가경): 가볍게 여기지 말라.
6) 未覺(미각): 알지 못하다, 느끼지 못하다.
7) 池塘(지당): 못, 연못.
8) 春草夢(춘초몽): 봄풀의 꿈, 봄풀이 꿈을 꾸다.
9) 梧葉(오엽): 오동잎. '오동잎 한 잎 두 잎 떨어지는 가을밤에……'. 가수 최헌의 1970년대 히트곡.
10) 已(이): 이미, 벌써.
11) 秋聲(추성): 가을 소리, 가을이 왔음을 알려 주는 소리. 봄의 소리 왈츠.